AI（Midjourney）で作った「えんとつ町」（271 ページ参照）

NFT：CHIMNEY TOWN Landscape の一例（274ページ参照）

NFT：CHIMNEY TOWN GIFT のメダルデザイン（289ページ参照）

バンドザウルス：バンドザウルスの Instagram より ~BAND SAURUS（@ band_saurus）

PECO/ by Kuria

LALA/ by Takenoko

LILY/ by Nemoto

ACHICHI/ by Hinotorihomura

GABURI/ by Azu

AIBO/ by Machio

バンドザウルス・ミニ：バンドザウルス NFT オークションサイトより

夢と金

西野亮廣

まえがき

「夢か？　金か？」という議論をキミのまわりの連中は繰り返すだろう。

耳を傾ける必要はない。あんなのは全て寝言だ。

「夢」と「お金」は相反関係にない。僕らは「夢」だけを選ぶことはできない。

「お金」が尽きると「夢」は尽きる。これが真実だ。

もしも、キミの両親や学校の先生が「お金の話をするな。はしたない」と言ったなら、彼らのことは軽蔑した方がいい。

もしも、あなたが子供達に対して、そのような言葉を過去に一度でも吐いたことがあるのなら、猛省し、子供達に正面から謝罪した方がいい。

日本の「自殺率」「自殺の原因」「犯罪の動機」を見ると、それがいかに畜生道に落ちた言葉なのかが分かる。
あなたの言葉は、自殺と犯罪の後押しだ。
あなたの言葉は、「夢」を殺す作業だ。

なぜ、あなたは夢を諦《あきら》めた？
なぜ、あなたは他人を妬《ねた》む？
なぜ、いい歳して不毛なアンチ活動に励む？
答えは分かっているだろう？
だったら、なぜ、それを子供達になぞらせる？

逃げるな。
今、この国に足りていないのは「希望」だ。
希望を持つためには、夢を語り、「お金」を学ぶ必要がある。
子供はもちろん、子供に背中を見せなければいけない大人もだ。

「金の話ばかりしやがって」と言うのなら、分かった。
だったら、僕よりも大きな夢を語り、行動している人間を連れてきてくれ。
それができないのなら、話を聞いて欲しい。
耳触りの良い話はしない。
夢を繋《つな》ぐための本当の話をする。80分あれば十分だ。

西野亮廣（キングコング）

目次

第一章

富裕層の生態系

知識不足で命を落とすな

日本の「自殺率」は、僕が調べたデータだと、世界8位（ＯＥＣＤ調べ）。先進国（Ｇ７）で見ると、自殺死亡率ランキングでは日本がブッちぎりの第1位。

自殺の動機は年齢によって違ってくるが、大人の場合は1位が「健康問題」で、その次あたりに「経済・生活問題」がくる。すなわち「生活の困窮」だ。

ちなみに、犯罪の動機で見ても、「生活困窮等」が第2位で、全体の１／４。

僕らは、お金がまわらなくなったら、自殺を選び、犯罪を選ぶ。

このような結果が出ているのに、日本の大人は、子供達に「お金」の話をしない。お金の「守り方」の話も、お金の「作り方」の話も何もしない。

それどころか、「お金」について真面目に語る人間を「銭ゲバ」と嘲笑《ちょうしょう》し、「はしたない」と侮蔑《ぶべつ》し、お金オンチを量産し、日本の自殺率と犯罪率の向上に貢献している。

残忍極まりない行為だが、残念ながら彼らにその自覚はない。

何の悪意もなく自殺と犯罪の後押しをしている。
キミの親や、学校の先生はどうだ？

あなたはどうだ？　あなたの子だろ？
ちゃんと勉強して、ちゃんと守ってやれ。
知識不足で失われる命があることを知った方がいい。

知床観光船沈没事故はなぜ起きたのか？

２０２２年４月23日に観光船「ＫＡＺＵ　Ｉ」が知床半島沖で沈没し、乗客・乗員合わせて26名中、20名が死亡、残りは行方不明となっている。「知床観光船沈没事故」だ。

連日、メディアは運行会社の社長にカメラとマイクを向け、勢いそのまま日本人は国民総出で彼をタコ殴りにした。

会見で、どこか他人事《ひとごと》のように振る舞う彼の態度は責任者のそれではなく、酷《ひど》いもんだった。何を食べれば、あんな仕上がりになるんだろう？


ただ、これは知っておいた方がいい。

世の中にヒューマンエラーはない。あるのはシステムエラーだけだ。

「人に失敗をさせるシステム」にこそ問題がある。

なので、個人を吊《つ》るし上げたところで事故の「原因」は取り除けない。

事故の「原因」を取り除かない限り、また同じ事故が起こる。

「原因」とは、「ある状態や変化を起こす〝もと〟となるもの」のことだ。

メディアは、「整備不良」や「無理な運行」を、事故の「原因」としたが、見誤るな。それらは「過程」だ。

「原因」とは、「なぜ、整備不良のまま海に出たのか?」「なぜ、無理な運行を続けたのか?」といった質問の解だ。

そのまま「なぜ?」と繰り返すと、「整備できなかった」「無理な運行をせざるをえなかった」になり、さらに、「なぜ、整備できなかったのか?」「なぜ、無理な運行をせざるをえなかったのか?」と問い続ければ、最後は「お金」という「原因」に辿《たど》り着く。

「お金がなかったから」だ。

知床は、2005年7月に「世界自然遺産」に登録され、そこから年間平均100万人(2006年は235万人)の観光客で賑《にぎ》わっていたが、コロナ禍で観光業は大打撃を受けた。

追い込まれた観光船の運行会社は2020年7月1日に(4社合同で)クラウドファンディングを立ち上げ、支援を募った。

2020年7月の時点で会社の運転資金がショートしていることがうかがえる。

事故直後、その支援ページは消され、今はもう確認できなくなっているが、どうせこんな展開になるだろうと思って、支援ページの文章（全文）やリターン（支援品）の内容はもちろんのこと、「支援者数」「支援総額」といった全ての数字を控えておいた。

僕らは事故から学ばなくてはいけない。

支援ページには、「国・北海道からの営業自粛要請によりゴールデンウィークから5月末までは運航することが叶《かな》わず、6月に入っても需要減退により最少催行人員不足で運休となる日が続き、前年比で6月は95％ダウン、7月は77％ダウン、8月は80％ダウン……」という運行会社の厳しい状況が書かれていた。

この様子だと、船の整備に充《あ》てる「お金」もないし、安全運行を最優先する余裕もない。

資金ショートが原因になって起きた事故なので、解決策は「経営の見直し」になってくるが、経営は中に入ってみないと分からない。

外にいる僕らは、憶測で語るのではなく、外に出ている事実から、「ここは、もっとこうできたよね」という議論を進めた方がいい。

目を向けるべきは、例のクラウドファンディングだ。

リターン（返礼品）を見てみると、「オリジナルTシャツ」が6000円で出ている。

このリターンの支援者数は94名。計算が面倒くさいので約「100名」とする。

6000円×100名で、このリターンで集めた支援は60万円だ。

ここから「サイトの手数料」が約10％引かれたとして、54万円。

「デザイナーにデザインを発注した」と書かれてあったので、仮に「友達価格」で見積もって、「デザイン費」は4万円といったところ。

残りは50万円。

「Tシャツの制作代」が1枚約1000円だとして、100枚だと、10万円。

残りは40万円。

「Tシャツの配送料」が約250円だとして、100枚だと2万5000円。

残りは37万5000円。

配送は自前でやらなくちゃいけないので、人件費もかかる。

諸経費もろもろ差っ引けば、30万円残れば良い方か。

問題は「この30万円を集めるために、大人が数名がかりでクラウドファンディングの宣伝活動を1ヶ月半続けた」という点。時給はいくらだ？

このクラウドファンディングは全体の支援総額こそ「622万円」となって

いるが、リターンの原価が高いモノが多く、人件費がかかるものもあり、300万円残れば良い方だ。

それを4社で割るわけだから、1ヶ月半をかけて、1社に入ってきたお金は約70万円といったところか。

これでは、（社員を抱える）会社は持ちこたえられない。

どこまでいっても「タラレバ」の話になるが、もしも、このクラウドファンディングで、各社に200万円が入っていれば、船の整備はできていたかもしれないし、無理な運行を減らすことができたかもしれない。

事故は防げたかもしれない。命は救えたかもしれない。

彼らに足りなかったのは「クラウドファンディングの知識」だ。

クラウドファンディングが日本に来たのは2011年。

もう10年以上前だ。なぜ、知識を仕入れていない？　「オリジナルTシャツ」なんて、クラウドファンディングのリターンの鬼門中の鬼門だ。

クラウドファンディング初心者がまず最初に手を出して失敗するリターン（返礼品）が「オリジナルTシャツ」だ。

「『誰も要らないもの（リターン）』を作ることにお金と時間をかけて、お金を集める」とはどういう了見だ？

今回の目的は何だ？　Tシャツを売ることか？　違うだろ。

ニーズのないものを販売することにコストを割いて、お金を作っている姿を見せたら、「この人はお金の計算ができない人だな。支援したところで、お金を溶かしそうだから支援するのはやめておこう」と思われるだろう。

いいか？

お金は「お金を上手に使ってくれる人」のところに集まる。

クラウドファンディングを仕掛ける時は、リターン（返礼品）で無駄弾を撃つな。リターンのラインナップで「お金について考え抜いている姿」を見せろ。

こんな議論は、2011年で終わっていた。

僕のオンラインサロンで話そうものなら、サロンメンバー全員からアクビが漏れる。

だけど、当時、ほとんどの日本人は耳を傾けなかった。

当時の日本人が、クラウドファンディングをした人間にどんな言葉を投げたか？

「詐欺《さぎ》」「宗教」……このあたりだ。無知が爆発している。

覚えておくといい。

クラウドファンディングで支援にブレーキをかける一番の理由は「ログイン」だ。カード番号を打ち込んだりしなきゃいけないアレ。

「支援するのはいいんだけど、ログインが面倒くさい」という声が方々で上がっている。

つまり、クラウドファンディングでより多くの支援を集めたいと思うのであれば、自分の半径50メートル圏内にいる人達に「ログインしておいてもらう」必要がある。

もしもキミが過去、「クラウドファンディングは詐欺だ～」「クラウドファンディングは怪しい宗教だ～」と叫んでいたら、キミの周囲には、当然、「クラウドファンディングにログインしていない人間」が集まっている。

そんな中、新型コロナに襲われたキミが「やっぱり僕もクラウドファンディングをします！」と手のひらを返したところで、もう手遅れだ。キミに支援は集まらない。

キミのまわりにはクラウドファンディングに後ろ向きな人間しか集まっていないからだ。

キミの未来を殺したのはキミ自身だ。
そしてキミは、キミの周囲の人間の未来も殺している。

知らないものを否定するな。
中身を確認せず、批判を繰り返せば、必ずシッペ返しがくる。
それが人の命に関わっている場合もある。
恥じろ。そして、無知を撒《ま》き散らす自分は今日で終わらせろ。

説教はここで終わり。
いろいろ厳しいことを言っちゃって、ごめんなさい。
ここからは勉強の時間だ。
夢の現実を学び、強くなれ。

先進国(G7)の自殺死亡率

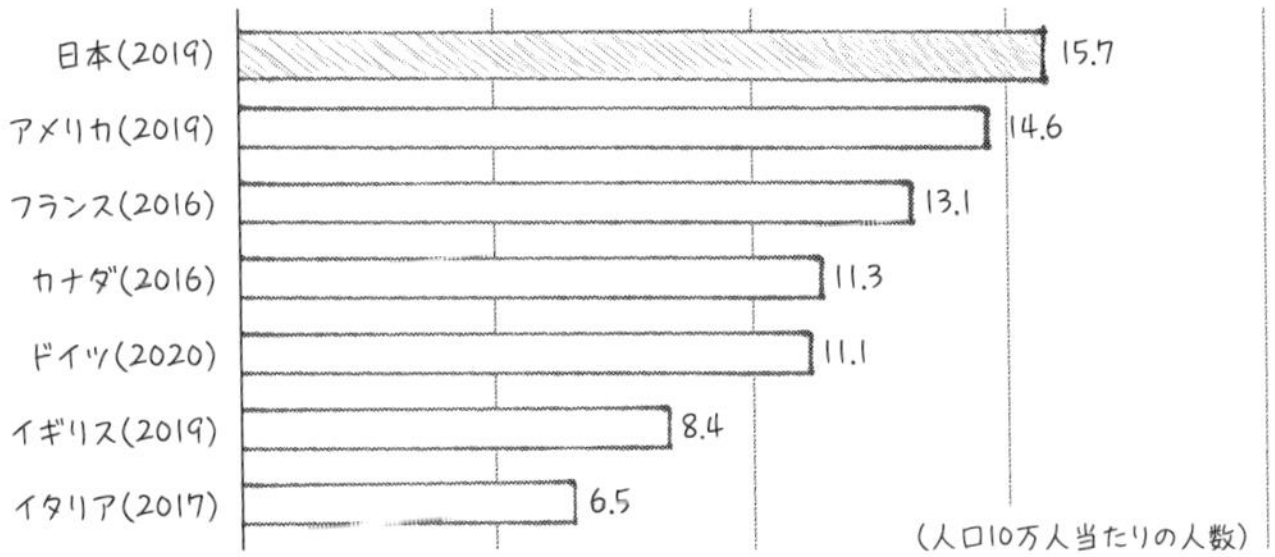

資料:世界保健機関資料(2022年2月)より厚生労働省自殺対策推進室作成

原因・動機別自殺者数

(単位:人)

	原因・動機特定者の原因・動機別						
	家庭問題	健康問題	経済・生活問題	勤務問題	男女問題	学校問題	その他
令和3年	3,200	9,860	3,376	1,935	797	370	1,302
令和2年	3,128	10,195	3,216	1,918	799	405	1,221
増減数	72	-335	160	17	-2	-35	81
増減率(%)	2.3	-3.3	5.0	0.9	-0.3	-8.6	6.6

注) 自殺の多くは多様かつ複合的な原因及び背景を有しており、様々な要因が連鎖する中で起きている。
注) 遺書等の自殺を裏付ける資料により明らかに推定できる原因・動機を自殺者一人につき3つまで計上可能としているため、原因・動機特定者の原因・動機別の和と原因・動機特定者数(令和2年は15,127人、令和3年は15,093人)とは一致しない。

資料:令和4年3月15日/厚生労働省自殺対策推進室 警察庁生活安全局生活安全企画課 調べ

※本項の本文中データは、上記の他、「令和3年中における自殺の状況」厚生労働省自殺対策推進室 警察庁生活安全局生活安全企画課 調べ、令和4年版 犯罪白書 第8編/第3章をもとにしている。

「高価格帯」にクレームを入れるバカ

前の項の最後で口の悪さを詫《わ》びておきながら、ここでは「『高価格帯』にクレームを入れるバカ」の話だ。

だけど、とっても大切な話なので、怒らないで付き合って欲しい。

2022年1月に、市川團十郎さんファミリーが総出演する新作歌舞伎『プペル ～天明の護美人間～』（@新橋演舞場）にて「SS席」を3万円で用意したところ、「高すぎる！」という炎上騒ぎが起きた。

ちなみに、プペル歌舞伎の「SS席」はものすご～い勢いで売れた。

つまり、クレームを入れたのは、「SS席を買わない人達」だ。

日本では、しばしば、「高価格帯商品を買わない人が高価格帯商品の値段にクレームを入れる」という奇妙な光景が見られる。「もっと安くしろ！」と。

彼らは高価格帯の商品を潰すべく日夜活動を続けているが、これがいかにバカで残酷なアクションなのかを、ここから150秒で説明する。

飛行機の料金

「飛行機の料金」を例に考えてみよう。

飛行機は、座席（サービス内容）によってゴッリゴリに値段が違ってくる。

そういえば飛行機の座席料金は、一体いくらなのだろう？

せっかくなので「東京↓ニューヨーク」の飛行機のチケット料金を調べてみた。ザッとこんな感じだ。


座席数は全部で「２４４席」。その内訳は……、

「エコノミークラス＝１４７席」、

「プレミアムエコノミークラス＝40席」、

「ビジネスクラス＝49席」、

「ファーストクラス＝８席」。

JALボーイング777-300ER(773)の場合

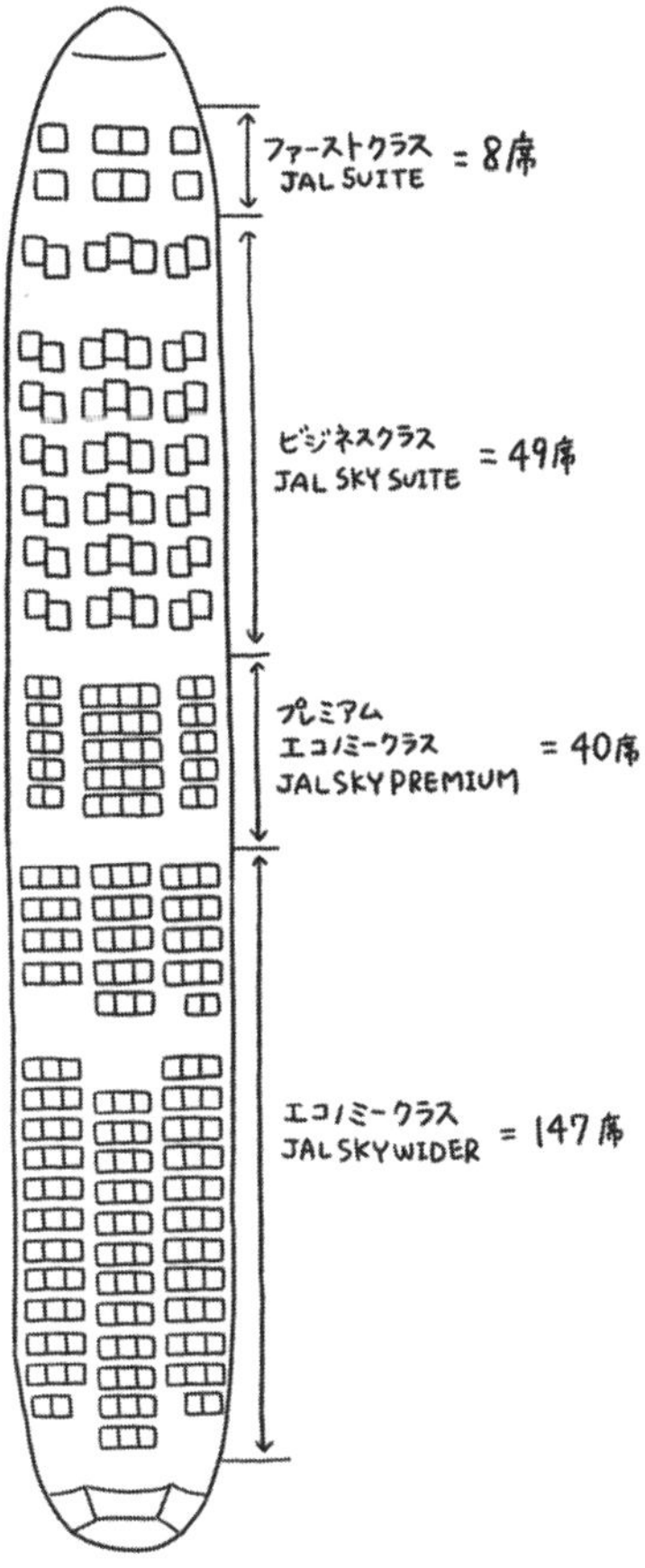

出典：JALホームページhttps://www.jal.co.jp/jp/ja/aircraft/conf/777.html

ファーストクラスは8席しかないらしい。

そして、各座席の料金は（2023年2月現在で）……、
「エコノミークラス＝22万5000円」、
「プレミアムエコノミークラス＝39万7000円」、
「ビジネスクラス＝64万6000円」、
「ファーストクラス＝188万円」。
念のために、もう一度。
「ファーストクラス＝188万円」（※往復分で車が買えるね）。
これぞ高価格帯商品だ。

さて。
これらの座席が全て売れたとするると、一体、どれだけの売り上げが出るのだろう？

計算したところ、「9564万9000円」という数字が出てきた。

東京からニューヨークまで飛行機を飛ばすと、チケット代だけで「約1億円」の売り上げが出るそうだ。

これは「約1億円の売り上げを出さないと、飛行機は飛ばせない」とも言える。

これが「高価格帯の商品がある世界」だ。

さて、話はここから。

この「高価格帯の商品がある世界」から、クレーマーのお望み通り「高価格帯の商品（VIP席）」を取り除いたら、一体どうなるか？

「ファーストクラス」「ビジネスクラス」「プレミアムエコノミークラス」の各

席を取っ払って、その空いたスペースに全て「エコノミークラスの席」を敷き詰めてみた。

すると、飛行機の座席はこんな感じ。

大きな席を取り除いた分、多めに席を確保することができて、なんと、座席数は「351席」。さっきよりも、100席以上増えた。

これにより、飛行機を飛ばすのに必要な「約1億円」を、「プラス100人」で負担することができる。

となると、その分、一人あたりのチケット料金も安くなりそうだが……、どっこい、そうはならない。

「351席」に、エコノミークラスの料金「22万5000円」を掛けると、総売り上げが出るが、これがなんと「7897万5000円」。

9564万9000円から1667万円ぐらい不足してしまう。

全てをエコノミークラスの席にすると……

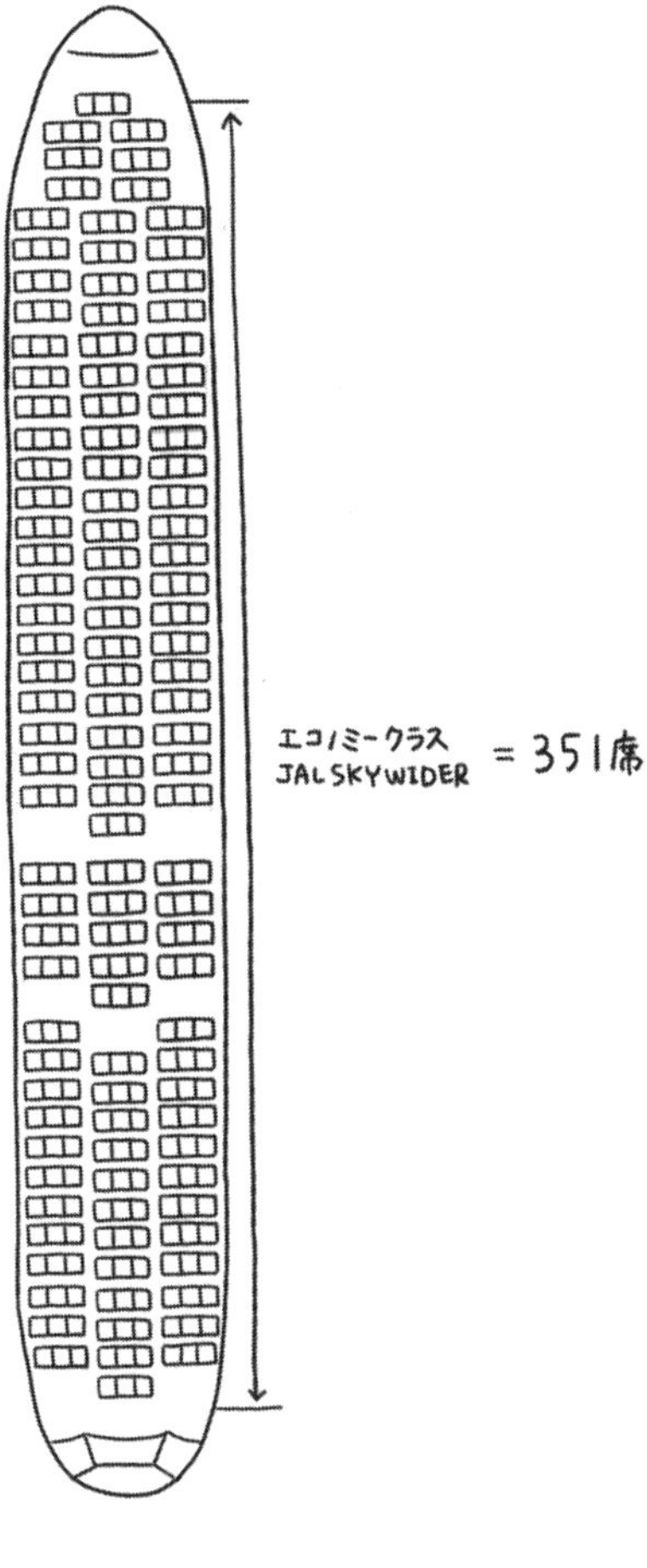

これでは飛行機を飛ばせないので、不足分（約1667万円）を、351人で追加負担しなくちゃいけない。

一人あたりの追加の負担額を計算すると「4万7504円」。

つまり、僕らが飛行機のエコノミークラスに座る時は、「約5万円」をVIP席のお客さんが負担してくれていた、というわけだ。

片道で5万円。家族4人だと20万円。

往復だと、40万円をVIP席のお客さんが負担してくれていたわけだ。

VIP席の横を通る時、心の中で「あざすっ！」と言ってる？

むしろ、「チッ」と舌打ちしてない？

新作歌舞伎『プペル ～天明の護美人間～』では3万円のSS席を用意したことによって、B席の値段を下げることができて、おかげで客席はファミリーで埋まった。
3万円の席を作らなければ、B席の値段はもっと高くなり、お金に余裕がある人しか参加できない公演になる。それでは新規ファンを獲得することは不可能だ。

とても大切なことなので覚えておくといい。

「高価格帯の商品」をなくしてしまうと、待っているのは、「お金に余裕がない人からお金をとる世界」だ。

キミが、そんな残酷な世界に用があるのであれば、僕からお話しすることは一つもない。

ただ、キミが、弱い人に優しい世界を望むのであれば、「料金」に対して正しい知識を仕入れるべきだ。

できるよね？

富裕層を知り、「プレミアム」と「ラグジュアリー」の違いを知れ

ＶＩＰ席のない（エコノミークラスしかない）飛行機のチケットは高くなるし、ＶＩＰ席のない（Ｓ席〜Ｂ席しかない）劇場のチケットは高くなる。

キミの作品・商品・サービスを、お金に余裕がない人にも届けたいなら、キミの作品・商品・サービスのお客さんの中に「ＶＩＰ客」を取り込む必要がある。

多くの日本人が目を背けている「富裕層」に目を向ける必要がある。

富裕層は何に価値を見出して、何にお金を払っているのだろう？

そして、富裕層向けの作品・商品・サービス（高価格帯の商品）をどう作ればいいんだっけ？

この二つを知る必要がある。

キミが、弱い人に手を差し伸べられる人間になりたいのであれば。

「プレミアム」と「ラグジュアリー」の“位置”を叩き込め

高価格帯の商品を作るには、まずは「プレミアム」と「ラグジュアリー」の違いを知らなくちゃいけない。

この二つには明確な違いがあるんだけど、たぶん「（どっちも）リッチな体験ができる」ぐらいの認識でいるんじゃないかな？

それでは一生、高価格帯の商品は作れないし、それでは一生、お金に余裕がない人からお金を徴収し続けることになる。

結論から先に言うと、

「プレミアム」とは「競合がいる中での最上位の体験」で、

「ラグジュアリー」とは「競合がいない体験」のこと。

……ん？　どういうこと？

山口周さんが『ニュータイプの時代～新時代を生き抜く24の思考・行動様式』の中で書かれていた「自動車」の話を例に考えると分かりやすい（※山口周さんの本は毎回、本当に面白いのでオススメです）。

これは、縦軸を「役に立つ／役に立たない」、横軸を「意味がある／意味がない」として【自動車業界が提供する価値の市場】を図にしたもの。

日本車は「役に立つけど、意味がない」というポジションにいる。

日本車は、とにもかくにも性能重視。

静かだし、燃費も良いし、座り心地も良いので、「役に立つ」というのは理解できる。だけど、「意味がない」ってどういうこと？

自動車業界が提供する価値の市場

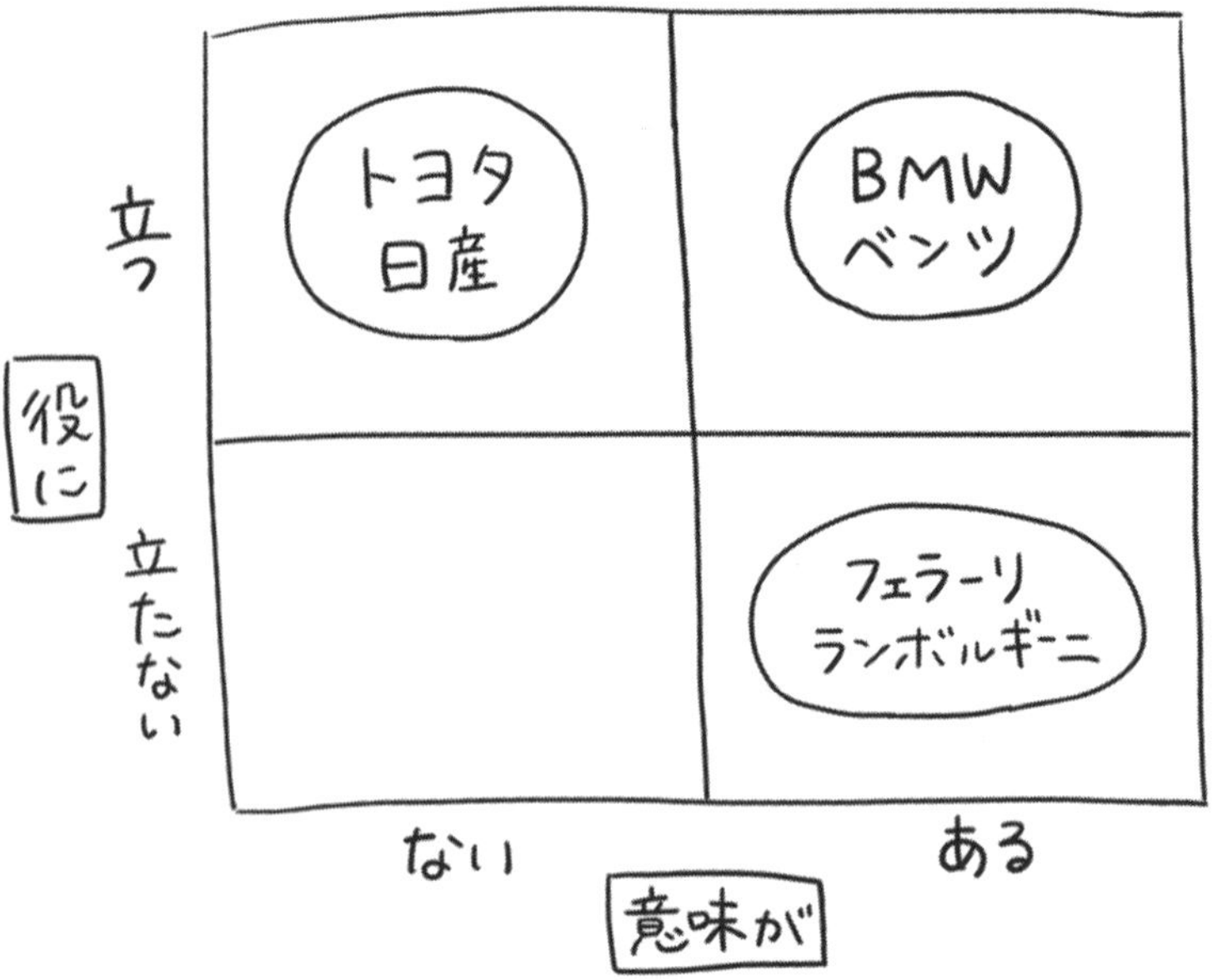

出典：山口周著『ニュータイプの時代　新時代を生き抜く24の思考・行動様式』
https://diamond.jp/articles/-/208503?page=3

これは、次の説明で腑《ふ》に落ちると思う。

近頃のＢＭＷやベンツの「動力性能」「静粛性」「環境性能」は文句なし。日本車と同じように「役に立つ車」だ。

日本車と違うのは「ベンツに乗ってる、俺、どう?」と言える（思える）ところ。ＢＭＷやベンツには「意味」がある。

洋服に置き換えると、「意味」は「ブランド」だ。

同じ白シャツでも、無地の白シャツと、胸に「ＧＵＣＣＩ」というロゴが入っている白シャツとでは、「機能」は同じでも、「意味」が違うでしょ?

あの感じ。

フェラーリやランボルギーニは「役には立たないけど、意味がある」というポジションにいる。

ここでは「役には立たない」を説明した方が良さそう。

ランボルギーニって、ドアが縦に開くらしいんだけど、「車のドアが縦に開くと便利なのにな〜」と思ったことある？

機能性だけを考えると、横開きで十分だよね。

フェラーリやランボルギーニはさすが「スーパーカー」と呼ばれるだけあって、なんと時速350キロメートルも出せるらしい。ここで、キミに聞きたい。出す？

街中で時速350キロメートルも出したら、ビックリするぐらい怒られるよ？

時速350キロメートルは出せるんだけど、出さないよね。

さらにさらに、スーパーカーを所持している人（超お金持ち）って、あんまりスーパーカーに乗ってなかったりする。
運転手付きの「移動車」を別に持っていて、スーパーカーは「自宅ガレージの中に停《と》めて、お酒を呑《の》みながら眺めるモノ（インテリア）」になっていたりする。

彼らは、移動手段としてスーパーカーを使っていない。
つまり、「機能（役に立つ部分）」が全然使われていないんだ。
なので、スーパーカーは「役には立たないけど、意味がある」の位置にいる。
もっと言えば、「意味しかない」のがスーパーカーだ。

次に、日本車、ベンツ、スーパーカーのそれぞれの値段について。
日本車はせいぜい「200万〜400万円」といったところ。
ベンツは「700万円」ぐらいかな。
そして、スーパーカーは「ウン千万円」。

2022年に発売されたカウンタックは「約3億円」。（ひえぇぇ〜）

「役に立つけど、意味がない車（機能しかない車）」が一番安くて、
「役に立つし、意味がある車」が次に高くて、
「役に立たないけど、意味がある車（意味しかない車）」が最も高い。
図で見ると、「右下」がブッちぎりで高い。

ここで、「プレミアムとラグジュアリーの違い」の話に戻ります。
この図の中で、「プレミアム」と「ラグジュアリー」は、それぞれどこに位置するだろう?

「プレミアム」とは「競合がいる中での最上位の体験」のこと。
なので、「上の方」だよね。
多くの人が「より性能が高いもの」を求めるので、競合よりも性能が高いも

のに、高値がつく。

日本車や、ＢＭＷやベンツは、「競合がいる中での最上位の体験」を提供しているわけだ。


気になるのは、「ラグジュアリー」だ。

「ラグジュアリー」とは「競合がいない体験」を指す。

さて、「ラグジュアリー」の位置はどこだ？　もう、分かってるよね。

そう、「右下」だ。


カウンタックを選ぶお客さんは、「より便利な車」を求め、各メーカーの車を乗り比べてみた結果、カウンタックに辿り着いたわけじゃない。

最初からカウンタックを買おうと思って、カウンタックを買っている。

カウンタックには競合がいない。

「プレミアム」と「ラグジュアリー」

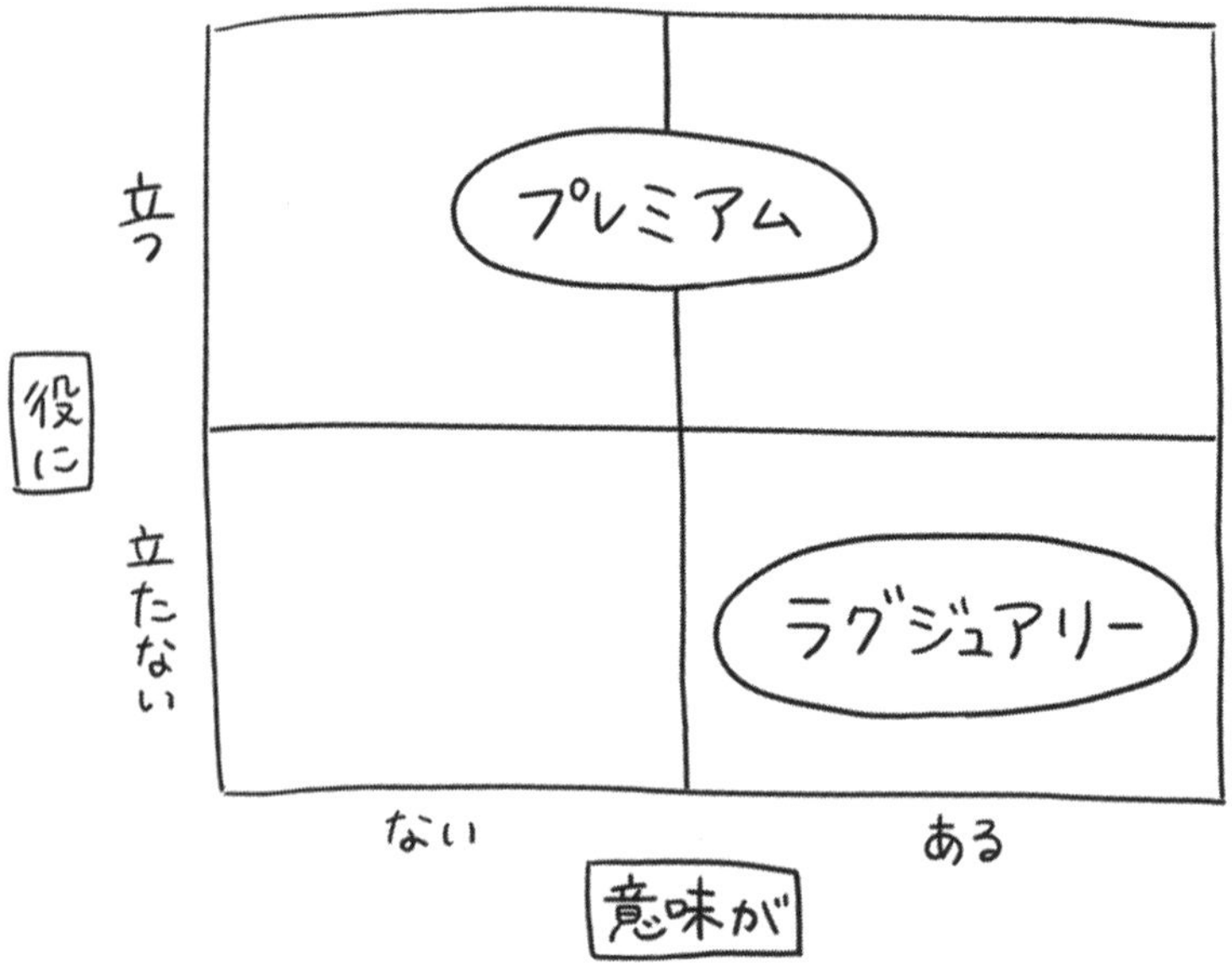

ハイブランドもそう。

「グッチ」の服を買う時は、最も着心地の良い服を求めて服屋さんをまわったりしなくて、グッチのお店に直行するでしょ？

競合なんていないんだ。


この説明で「プレミアム」と「ラグジュアリー」の違い（位置）が把握できたと思う。

そして、「プレミアム」と「ラグジュアリー」の間に、とんでもない値段の開きがあることも。

車で言えば、「プレミアム」と「ラグジュアリー」の値段は一桁二桁違ってくる。

どうして、「プレミアム」と「ラグジュアリー」で、値段の差がこれだけ出るのだろう？

答えは、「値段を決めている人が違うから」だ。

「プレミアム商品」の値段を決めているのは「お客さん」。

競合商品と比べ、「コッチの方が、コレぐらい便利だから『プラス300円』でも納得だけど、『プラス500円』はチョット……」といった感じで、お客さんの納得感がそのまま相場になるので、機能が跳《は》ね上がらない限り、値段が跳ね上がることはない。

お客さんが値段を決める商品の値段を上げるには「理由」が必要になってくるんだ。

一方、**「ラグジュアリー商品」の値段を決めるのは、ラグジュアリー商品を取り扱っている人間だ。**

「機能」に値段が紐《ひも》づいているわけじゃないので、売り手の「言い値」になる。

だから、値段は跳ね上がるんだけど、高値をつけたところで「買う人」が一人もいなかったらバカヤロウもいいところ。

だけど、ラグジュアリー商品には「買う人」がいる。

売り手の「言い値」なのに「買う人」がいる。

さて、ラグジュアリー商品はどうやって「言い値」に納得感を持たせているのだろう？　偶然かな？

いいや、違う。

これは「技術」だ。再現性がある。

「夢」の計算式

ここからは**「ラグジュアリー」の作り方**について。

「ラグジュアリー」を日本語に訳すと「豪華」や「贅沢《ぜいたく》」といった言葉が並ぶんだけど、それだと「プレミアム」との区別がチョットややこしい。

直訳すると「ラグジュアリー」と「プレミアム」は似た言葉になってしまうので、それぞれを次のように訳してみる。

【プレミアム】＝【高級】
【ラグジュアリー】＝【夢】

ラグジュアリーは「豪華だから」「贅沢だから」飛び抜けて価値が高くなっているわけじゃない。

「ルイ・ヴィトン」や「エルメス」といった「ラグジュアリーブランド」がまさにそう。

デザイナーさんを雇うのにはお金がかかってそうだけど、素材が飛び抜けて「豪華」「贅沢」かと言うと……。たしかに良い素材は使っているけど、あそこまでの値がつくほどの素材を使っているわけじゃない。

ラグジュアリーの価値が飛び抜けて高くなっている理由は、ラグジュアリーが「夢」だからだ。……と言われても、まだピンとこない。

「夢」とは何か?

これは算数で説明がつく。

この計算式は覚えておいた方がいい。

【夢】=【認知度】−【普及度】

「皆が知っているけど、誰も持っていない」というものが「夢」だ。

ラグジュアリーが提供しているものの正体はコレ。

イメージしやすいところだと、レオナルド・ダ・ヴィンチの『モナ・リザ』がそう。

ちなみに、『モナ・リザ』の値段って知ってる？

答えを先に言っちゃうと、『モナ・リザ』に値段はない。

値段というものは「市場」に出て初めてつくんだけど、『モナ・リザ』を持っているだけで世界中から観光客が来てくれてチャリンチャリンとお金が入り続けるから、『モナ・リザ』が市場に売りに出されることはない。

なので、『モナ・リザ』には値段がついていない。

ただ、〝推定価格〟だと、1000億円以上と言われている。

京セラドーム大阪の建設費が約500億円なので、『モナ・リザ』は京セラドーム大阪2個分といったところ。レモンだと10億個分（※1個＝100円計算）。

たった1枚の絵に、これだけの価値がついている。すごいね。

だけど、『モナ・リザ』は昔から今ほどの価値があったわけじゃない。

『モナ・リザ』が誕生したのは1503年～1506年と言われているんだけど、その価値が不動のもの（世界一）になったのは、『モナ・リザ』誕生から約400年後。1911年8月22日だ。

その日、有名な画家が『モナ・リザ』に手を加えたわけでもなければ、額縁にダイヤモンドがあしらわれたわけでもない。

なのに、1911年8月22日に突然、『モナ・リザ』の価値が上がった。

なぜだ？

答えは、その日、『モナ・リザ』がルーブル美術館から盗まれたからだ。

20世紀最大の美術品窃盗事件のニュースは世界を駆け巡り、そのタイミングで『モナ・リザ』は世界で最も有名な絵となった。

以降、『モナ・リザ』の価値を表す計算式はこんな感じ。

［モナ・リザ］＝［80億人］－［1個］

地球人全員が知っているけど、一つしかないのが『モナ・リザ』。

だから『モナ・リザ』は価値が高い。

ラグジュアリーを作るには、このように「〔認知度〕－〔普及度〕」の値を大きくする必要がある。


時々、地方の伝統工芸品を売り込む時に、「知る人ぞ知る」みたいな打ち出し方をしていたりするけど、ラグジュアリーを目指すのならば、あのやり方は間違いだ。


その工芸品のことを5人が知っていて、その数が5個だったら、「5－5」だから、その工芸品のラグジュアリー価値はゼロになる。

当然、価値が低いものは高く売れないので、その工芸品は「たくさん売らなきゃいけない（薄利多売）」というゲームに参加させられる。

ついつい僕らは「5個売れたところで食っていけないから、量産して100個売ろう」という感じで「多売」の方向に駒を進めてしまうけど、何度も言うようにラグジュアリーの計算式は「認知度－普及度」だ。

「普及度」が上がれば上がるほど、ラグジュアリーからは遠ざかる。

ラグジュアリーを作りたいのであれば、**上げなきゃいけないのは「認知度」だ。**

「たくさんの人が知っているのに、商品は5個しかない」に向かった方がいい。

言い方を変えると、商品を5個しか用意していないのに、たくさんの人に宣伝した方がいい。

ラグジュアリーブランドを見て考えろ

こうして「ラグジュアリーの作り方」を知ると、街で見かける「ラグジュアリーブランド」の生存戦略が見えてくる。

たとえば「ルイ・ヴィトン」。

ヴィトンで買い物する機会なんて滅多にないけど、もしも、ヴィトンのバッグを買うことになったら、「ついで」ではないハズだ。

財布を握りしめながら家の玄関を出て、そのままヴィトンの店まで直行というパターン。その時、ヴィトンの店は「本日の目的地」になっているだろう。

皆にとってヴィトンとはそういう場所になっている。

であれば、ヴィトンはデパートの7階や8階に店舗を構えれば良くない？

なんなら、街の外れでも良くない？

だって「目的地」なんだから。わざわざ家賃が高い場所に店を構える必要がない。

だけど、ヴィトンはデパートの1階（歩道に面した場所）に店を構えていることが多い。それどころか、交通量の多い大きな交差点の角に建つデパートの1階の角（家賃がベラボーに高そうな場所）に構えているイメージがある。

なぜだ？

交差点の前に店を出したところで、ヴィトンのお店にフラッと立ち寄る人なんていないよ？　だってフラッと買える値段じゃないんだもん。

なのになぜ、わざわざ高い家賃を払って、そんな場所に店を出す？

もうお分かりだと思う。

「【認知度】－【普及度】」の値を大きくするためだ。

フラッと店に入れない人が多くて構わない。むしろ、店に入れない人が多い方が望ましい。「買えない人」の割合が増えた方が望ましい。

そのために高い家賃を払っている。

このように言い換えられるだろう。

「ラグジュアリーブランドは、『買えない人』を増やすために広告費を払っている」

僕は時々（本当に時々）自分が描いた絵を売っているんだけど、その際、絵を宣伝することがある。

たくさんある中から、どの絵を宣伝するか？

答えは一つ。

「すでに売れてしまった絵」だ。

その時、絵の値段が上がる。

機能を売るから「高い」と感じさせてしまう

「ＶＩＰ」や「ラグジュアリー」については、もう少し手触り感のある話があった方がスッと頭に入ってくると思うので、最近、僕の現場であったユニークなやりとりを少しだけ共有。

この話を聞くと、「ああ、なんとなく分かってきた～」となると思う。

２０２３年7月に宮迫博之さんを主演に迎えて『テイラー・バートン～奪われた秘宝～』という舞台を仕掛けることになった。

キッカケは相変わらず酒の席だ。

宮迫さんの夢が「いつか劇団を持つ」ということだと知っていたので、酔っ払った勢いで「舞台はやらないんですか？」と聞いてみたところ、「メチャクチャやりたいよ。でも……」という言葉が返ってきた。

吉本興業の退所から、YouTubeをやり、焼肉屋を出し……。生きるため、家族を守るために、目の前で起きる様々な問題を懸命に解き続けるうちに、夢は後回しにせざるをえなくなり、夢の輪郭がボヤけてきたのか。とにかく、その目が少し寂しそうだった。

そんな目を無視できるハートは持ち合わせていないし、一後輩として、一ファンとして、宮迫博之がプレイヤーとしてステージの上で輝いているところがどうしても見たくなったので、劇場のスケジュールを押さえ、スタッフを集め、「宮迫さん主演で舞台をやることが決まりましたので」と宮迫さんに事後報告させていただいた。

その報告に、ふんぞり返って驚いた宮迫さんがまた最高で、やっぱり一流のプレイヤーだ。


宮迫さんの舞台立ち上げの話は本題じゃないので、このへんにしておくとして、ここでは「VIP席」の話だ。

VIP席を作らない残酷性については、これまでの説明通り。

今回の舞台でもVIP席を作ることにした。

会場となる「東京キネマ倶楽部《くらぶ》」は2階席の最前列が最も観やすい席で、そ

ことをＶＩＰ席にすることが決まった。

スタッフには、『テイラー・バートン～奪われた秘宝～』の情報解禁前に、オンラインサロン内でＶＩＰ席を販売するように伝えた。

情報解禁前なので、「キングコング西野が２０２３年7月に仕掛ける〝面白いイベント〟のＶＩＰ席」という打ち出し方だ。

会場と日程だけを伝えて、イベントの内容は伝えない。

そのように指示を出したのだが、関係各位への確認などで後手後手となり、ＶＩＰ席の販売は「情報解禁と同じタイミングで」となった。

スタッフは「情報解禁前のＶＩＰ席の販売」に比べて、「情報解禁後のＶＩＰ席の販売」がどれだけ難しい仕事になるのかを理解していなかった。

キミはどうだ？

ＶＩＰ席の内容（商品説明）を聞いたところ、「最も観やすい席」「演出の西野が同じフロアに顔を出すかもしれない」といったものだった。

それで、チケット代は「7万円」だ。

これを聞いて、率直にどう感じた？

まぁ、100人に聞けば、100人が「高い」と答えるだろう。

なぜ、高いと感じたか？

答えは「機能を売っているから」だ。

「機能」には常に相場があり、常に競合がいる。

答え合わせができてしまうんだ。

東京キネマ倶楽部の「最も観やすい席」は、他の公演ならば、5000円〜1万円といったところか。

その瞬間、お客さんは算盤《そろばん》を弾き、『『演出の西野が同じフロアに顔を出すかもしれない』に支払っているお金は6万円〜6万5000円」という解を出す。

いくらなんでも、そりゃ高すぎる。

見誤るな。

これは「VIP向けの商品」とは呼ばない。

これは「富裕層から、体《てい》よくお金を貰《もら》おうとしているだけの商品」だ。
そして、それが見抜けない富裕層ではない。

「機能」でなく「意味」を売れ

一方、情報解禁前にオンラインサロン内で「キングコング西野が2023年7月に仕掛ける〝面白いイベント〟のVIP席」を販売した場合、VIP客が買っているのは何だ？

サービス内容が明らかになっていないのだから、少なくとも、「サービス」は買っていない。

彼らが買っているのは「西野の応援」だ。

「何かよく分からないけど、あの西野がまた面白いことをするのなら、応援するよ」とお金を出す。

そこで売られているものは「機能」ではなく「意味」なので、競合がいない。

競合がいないから相場がない。

7万円に対して、「○○だから高い」という説明ができない。

情報解禁をしてしまい、VIP席の内容を明らかにしてしまった以上、「このサービス（機能）に対して、この値段は妥当なのか?」という答え合わせがお客さんの頭から消えることはない。

ちょっと難しい言い方をすると、「見返りを求める人」を創造してしまったわけだ。

情報解禁前なら存在していたんだよ。「応援することが目的なので、見返りは要らないですよ」というVIPが。

「『意味』を販売するチャンスを逃し、『機能』を販売してしまい、価格の答え合わせをされてしまって、最終的には売れ残る」ということはザラにある。

繰り返すが、「機能」はお金にはならない。

キミの挑戦に大きなお金を出してくれる人の生活を想像しろ

クラウドファンディングで**【キンコン西野があなたのことを想う権】**といった類《たぐ》いのリターン（返礼品）を1万円で出すと、決まって「信者ビジネスだ」という批判が〝外野から〟起きる。

「そんなものを1万円で買うヤツは洗脳されているに違いない」「実質、何も売らずに1万円を手にしてやがる」と。

この批判が、いかに「お金に理解がある人間」の気持ちを捉えていないかをこれから説明する。

クラウドファンディングは「予約販売サイト」として利用されることもあれば、「支援サイト」として利用されることもあり、その扱われ方はプロジェクトによって様々だ。

便宜上、この二つのクラウドファンディングを**「販売系クラウドファンディング」**と**「支援系クラウドファンディング」**と呼ぶことにする。

Tシャツを販売することを目的に**「販売系クラウドファンディング」**を立ち上げた場合のリターンの設計は、「3000円を支援してくださったら『オリジナルTシャツ×1枚』をお贈りします」「6000円を支援してくださったら『オリジナルTシャツ×2枚』をお送りします」……といった感じで、「返礼品の原価＋送料＋サイト手数料＋利益」で考えることがほとんど。

この場合のクラウドファンディングは、前述したように「予約販売サイト」で、ここでは、「3000円の支援者（購入者）には、3000円分の商品を送ること」が正解となる。

一方、**「支援系クラウドファンディング」**のリターンの設計は違う。

ここで最もやってはいけないのが、「3000円の支援者に、3000円分の商品を送ること」だ。

「支援系のクラウドファンディング」の支援者は、自分が支援したお金を、そのままプロジェクトに使ってもらうことを望んでいる。

熱海の土砂災害の復興なのか、熊本の水害の復興なのか、あるいは、大好きなアイドルが夢にまで見た武道館ライブの美術セット費なのか。

ところがだ。

支援金をプロジェクトに使ってもらうことを望んでいるのに、「ご支援ありがとうございます」と言って、「オリジナルTシャツ」などを支援者に送るプロジェクトオーナーがいる。


熱海の土砂災害の復興か、熊本の水害の復興か、はたまた、大好きなアイドルが夢にまで見た武道館ライブの美術セット費のために支援した3000円が、「オリジナルTシャツの制作費」と「オリジナルTシャツの配送料」に使われ、その残金が、熱海の土砂災害の復興や、熊本の水害の復興や、大好きなアイドルが夢にまで見た武道館ライブの美術セット費に使われる形だ。

一体、誰得だ。

クラウドファンディングを〝正しく〟理解しろ

「支援系クラウドファンディング」において、「お金をかけて返礼品を用意する」ということが、「支援者のお金を無駄に使っている」ことになっているのと同じだと理解した方がいい。

「支援者の満足度を下げている」ということを理解した方がいい。

支援系のクラウドファンディングのリターン（返礼品）は、「お礼のメール」でいいし、「あなたのことを想ってます」でいい。

「このお金はプロジェクトに使ってください」という人が支援してくださっているので、外野が口を挟む問題ではないし、プロジェクトオーナーは外野の声に引っ張られてはいけない。

お金は、お金の使い方が下手な人間のところには集まらない。

理由は、お金を持っている人間ほど、「お金を託す相手」を慎重に選ぶからだ。

支援系のクラウドファンディングの場合だと、「3000円を受け取ったんだから、3000円の商品を返さないとダメだ」と考えてしまうような、つまり〝支援金を溶かしてしまう人間〟にお金を託すような真似は絶対にしない。

お金の使い方が下手な人間にお金を託すのは、同じくお金の使い方が下手な人間だ。つまり、お金に余裕がない人達だ。

その人達だけを相手にしている限り、キミに余裕が生まれることはなく、キミの夢は端に追いやられる。これが世の理《ことわり》だ。

キミは、お金の使い方を学び、お金を持っている人間の性格を学ぶ必要がある。「富裕層が何を求めているか?」を知る必要がある。

引き続きクラウドファンディングの話をする。

クラウドファンディングに初めて挑戦する人間は、高い確率で「高額リターン」の設計を誤る。


30万円のリターンを「オリジナルＴシャツ＋オリジナルステッカー＋オリジナルポストカード＋オリジナルＤＶＤ＋オリジナル……」といった感じで「商品の詰め合わせ（全部盛り）」にしてしまう人が少なくない。

キミも一度は目にしたことがあるだろう。


想像して欲しい。

クラウドファンディングで30万円の高額支援をする人は、どんな人だ？

その人は、モノが不足して困っているだろうか？

その人は、「オリジナルＴシャツとオリジナルＤＶＤをセットで買えば、バラで買うよりも２００円安くなります」という誘い文句に乗る人だろうか？

違うだろう。

その人が、高額支援の対価として求めているのは、「あなたを助けた」という事実だ。

この時、プロジェクトオーナー（支援してもらう側）がやらなければいけないのは、「相手が求めてもいない商品を送って、30万円分を相殺《そうさい》すること」ではなく、「存分に助けられること」だ。

「30万円分の借りを作ること」だ。

高額支援者はそれを求めている。

「不足している人（一般層）」が求めているモノと、「足りている人（富裕層）」が求めているモノの違いを知れ。

お腹がいっぱいの時に、パンケーキを出されても嬉《うれ》しくないだろう？

キミは「富裕層が何を求めているのか？」を徹底的に理解する必要がある。

VIP戦略について書いた36ページ〜で説明したように、富裕層にお金を出してもらえないサービスは高くなる。

安くするためには、富裕層を摑《つか》まなくてはいけない。

ただ、**「富裕層が何を求めているのか?」が分かっていないと、富裕層に買ってもらえる商品は作れない。**


富裕層が求めているモノを理解していない人間がやりがちなミスをもう一つだけ紹介しておく。


友人のディナーショーに誘われた時のことだ。

僕は、その友人を応援しているので、「一番高い席」を買って参加。

客席には円卓が並び、僕と同じ卓には、古くからの知り合いで、今や日本を代表する起業家やクリエイターが座っていた。

皆、僕と同じように、友人の応援がてら「一番高い席」を買っていた。

『VIP席』という名前がついた席だ。

さて。

この時、VIPは、何にお金を払ったのか?

その内訳は、「友人のショーの応援」と「久しぶりに再会した仲間との会話」といったところだろう。

ところがだ。

その『VIP席』は、客席の最前列に構えられていた。

「一番観やすい席で観てください」という配慮だろう。

これは間違いだ。

最前列だと、ショーの妨げになってしまうので、「仲間との会話」を楽しむことができない。

ここで整理しなくてはいけない。

他よりも高いお金を払って最前列で観たい人(S席のお客さん)は、「作品を買っている人」「アーティストの姿を間近で観たい人」であって、それは

「富裕層」ではない。

それは「熱狂的なファン」だ。


支払っている料金の内訳が「友人のショーの応援」と「久しぶりに再会した仲間との会話」になっている人は、最前列の席にしてはいけない。

彼らを案内する場所は、むしろ、一番後ろ。

「お喋《しゃべ》りをしても、ショーの妨げにならない場所」だ。


大きなスタジアムで「最も値段が高い席」は、どこだ？

最も高いお金を払うお客さんはどの席を買っている？

バックネット裏か？

いいや。選手や出演者から最も遠い場所にある『個室観覧席』だ。

そこから観る選手や出演者は豆粒で、なんなら部屋の中のモニターで観たりしている。

彼らが買っているのは、スタジアムを待ち合わせ場所にした、友達・恋人との「コミュニケーション」だ。

富裕層は、作品やスポーツを「社交場」として利用している。場合によっては、出演者との今後の「付き合い」のことを考えて、「観に来た」という事実を作るために会場に足を運んでいる。

「観に来た」という事実を作るために会場に足を運んだ富裕層の時間を、演目で埋めてどうする？

秒速で生きている彼らには他にやらなければいけないことがたくさんある。そんな彼らを、身動きがとれない席（最前列）に座らせてどうする？スマホが使えない環境に放り込んで、時間を奪ってどうする？それが彼らの満足度に繋がるか？

「熱狂的なファン」と「富裕層」を見誤ってはいけない。

キミの挑戦に多くのお金を出してくれる人の生活を想像しろ。

「脱・労働集約型」と「脱・完売思考」

エンタメを作るにはお金がかかる。

僕のイベントに来られた方はご存知だと思いますが、僕は「チケットの売り上げ」や「グッズの売り上げ」で採算がとれてしまうサイズのエンタメにはあまり用がなくて、採算度外視もいいところで、美術も照明も何もかも全部盛りでブチ込むもんだから、たとえばミュージカルを仕掛ける時なんかは「チケットとグッズが完売しても1億円の赤字」というのが通常営業。

その代わり、**「不足分（1億円）をどこで作るか？」**ということを考える。

資金繰りを考える時に、「西野を稼働させる」という手が一つある。「講演会」や「企業案件」などだ。

ただ、資金繰りのために西野を稼働させすぎてしまうと、今度は肝心要の「エンタメの制作」の時間がなくなってしまう。これでは本末転倒だ。

というわけで、「なるべく西野を稼働させずに、エンタメの制作費を作る」という問題が降りかかる。

いずれキミの目の前にも、これと似たような問題がやってくるだろう。

さて、どうする?

ここからが本題。

まず、**「人間の労働力に頼ると、生み出せるお金に限界がある」**という基本は頭に叩き込んでおいた方がいい。

キミの1日は24時間しかなくて、そこから睡眠時間を削り、食事の時間を削ると、残る時間はせいぜい15~16時間といったところ。

自分の労働力に頼ると、「時給×15~16時間」が1日で稼げるお金の限界だ。

キミが今の収入に満足していないのならば、その原因は二つ。

「キミの提供している商品・サービスの価値が低い」か「キミの身体しか働かせてい

ない」のいずれかだ。

ここでは後者について説明する。

たとえば、個人ができる最も高い買い物といえば、パッと出てくるのは「家（マイホーム）」だ。

「35年ローン」、最近では「40年ローン」も増えてきた。

２０２１年の新築マンション購入時における平均借入額は首都圏が４９４１万円、関西圏が４０９１万円だそうで、こりゃ大変な金額だ。

ところで「家」はなぜ高いのだろう？

多くの人は、この問題と真面目に向き合わない。

キミはどうだ？

家は、資材をたくさん使っているから高いわけでも、大工さんをたくさん雇っているから高いわけでもない。

家が高い理由は「家が稼《かせ》がないから」だ。

当たり前だが、10億円の家でも、10億円を稼いでくれる家ならば、その家は「うまい棒」よりも安い。

ところが家を建てる時に、「どうすれば家が稼いでくれるかなぁ？」と考える人はほとんどいない。

「お金を稼ぐのは人間」という固定観念にとらわれて、「床や壁を働かせるにはどうすれば？」と議論を始める人はほとんどいない。

この本の表紙は、2022年の年末に兵庫県川西市に建てた僕の家だ。

僕は東京と川西の二拠点生活で、表紙の家で、寝泊まりもしていれば、仕事もしている。

この家を建てる時に最初に決めたのは、「建築費を家に稼がせる」だった。

そこで、仕事柄、家を空けることが多いので、空いている日を「レンタルスペー

『キンコン西野の家（見上げる家）』

ス」として貸し出すことにしてみた。

それが決まれば、目指すは「レンタルスペースのニーズがある家」だ。

というわけで、写真映えするように「3階まで続く本棚」を作り、いろんな角度から写真を撮れるように、「吹き抜け」にして、そこかしこに階段（高低差）を設けた。

家を建ててから、「どうやって家に働いてもらおうか？」と考えるのではなく、家を建てる前に「『建築費を回収する家』はどんなだ？」と考える。

それもこれも、「自分の労働力に頼る（自分の身体に働かせる）」という固定観念を外さないことには始まらない。

2022年の年末に建てた『キンコン西野の家』は、僕が留守にしている今日も働いていて、すでに建築費の「1／10」は回収している。

「実質0円で建てた」と言えるのはそんなに先じゃなさそうだ。

脱・完売思考

せっかく『キンコン西野の家』の話をしたので、ついでに大切な話をする。

第一章の「富裕層」に関係する話だ。

「家に稼がせる」とは言ったものの、ランニングコスト(運営費用)が上回ってしまっては元も子もない。

というわけで、レンタルスペース『キンコン西野の家』を設計する時に、最初に決めたのは「人件費をかけない」だった。

この本のテーマにもなっているが、僕らの時代は、昔のような「たくさん売る」が難しくなってきている。

そもそもなぜ、たくさん売らないといけなかったのか?

それは、「たくさん売らないと採算がとれないサービス」にしていたからだ。

たとえば、人を一人雇うとなると「30万円」はかかる。

つまり、人を一人雇ってしまうと最低でも「プラス30万円分」は売らないといけない。

この時、「人を一人雇って、プラス30万円分を売り上げる」という選択肢と、「人を雇わない代わりに、プラス30万円分の売り上げは作らない」という選択肢がある。

『キンコン西野の家』が選んだのは後者だ。

たくさん売ることが難しい時代（難しい場所）なので、たくさん売らなくてもいい道を選んだ。

そして、ここからは、もう少し踏み込んだお金の話。

そもそもレンタルスペースの管理人の仕事は何だろう？

今どき、鍵《かぎ》の開け閉めはリモートでできる。

予約ページは、既存のＥＣサイト（ネットショップ）を使った。

「1月1日」「1月2日」「1月3日」といった調子で、３６５個の商品を並べて、購入者に鍵の暗証番号を送るだけ。

一件あたり10秒もあれば十分で、人を雇うまでもない。

人を雇わなければいけないのは、「清掃」か。ゴミの処理はさすがに人の力が必要だ……と思ったけれど、よくよく考えてみれば「ゴミ箱」なんて置くからゴミが発生するわけで、「ゴミは各自で持ち帰り」というルールにした。


こうなってくると、中には「面倒くさい」と言って離れるお客さんもいるだろうが、それで構わない。

「ゴミを自分で持ち帰るのは面倒くさい」というお客さんを受け入れるために、人を一人雇うとどうなる？

「ゴミを自分で持ち帰るのは面倒くさい」というお客さんを受け入れるために、『キンコン西野の家』は一人分の給料を追加で生み出さないといけなくなる。

たくさん売らないといけなくなる。

となると販売コストも追加でかかるだろう。

この場合は「ゴミを自分で持ち帰るのは面倒くさい」というお客さんを切り捨てるのが正解だ。

売り上げを捨てて、利益をとりにいった方がいい。

こういう一つ一つの問題と向き合い、今、『キンコン西野の家』のランニングコストはセコムとリモートロックの利用料程度。

月に1万円もかかっていない。

『キンコン西野の家』の利用料は1日（11時〜21時）で5万2000円なので、月に一度でも予約が入れば黒字だ。

これを成立させるために必要なのは徹底した「選客」で、「受け入れることで、商品をたくさん売らなきゃいけなくなるお客さん（コストがかかるお客さん）」は受け入れないようにしている。

これまで当たり前のように捉えていた「自分の身体に働かせる」「たくさん売る」が、僕らを苦しめていたのだ。

たくさん売ることができない現代を生きる僕らの一つの生存戦略として、「自分以外の何かに働かせる」「たくさん売らなくてもいいビジネスモデルを構築する」といった「脱・労働集約型」「脱・完売思考」は頭に入れておいた方がいい。

第二章

コミュニティー

「機能」がお金にならないことを受け止めろ

ここまでの話をザックリと整理すると、こんな感じ。

・「お金の知識不足は命に関わるから、ちゃんと勉強しようね」
・「お金持ち相手の商品を持っておくと、弱い人にも優しくできるよ」
・「プレミアムとラグジュアリーの違いを理解しようね」

付け加えるなら、「『機能』を追い求めた先に『プレミアム』はあるけど、『ラグジュアリー』はないよ」といったところ。

お金持ちの生態系（富裕層が何を求めているか？）については、この本の後半（第三章のＮＦＴ）でも出てくるんだけど、一旦ここで終わりにして、ここからは**「お金持ちじゃない人に、自分の商品を高く買ってもらうためにはどうすればいいか？」**という話をするね。

これもまた、キミが夢を追いかけ続けるために、確実に獲得しなきゃいけない「技術」だ。

だって、僕らのまわりは「お金持ちじゃない人」がほとんどだから。

お金持ちじゃない人に、自分の商品を高く買ってもらうためにはどうすればいいか？

未来を予測することなんてできないけど、一つだけ確実に分かっている未来がある。

「人口」だ。

人口は出生数以上にはならない。

２０２２年の日本の出生数はついに80万人を割った。

２０１２年と比べると、約26万人も減ったそうだ。


国立社会保障・人口問題研究所は２０１７年に「日本の出生数が80万人を下回るのは２０３０年！」と算出したが、とんでもない。

日本の少子化は、想定を上回るペースで進んでいる。

厳密に言うと「少母化」だ。


国立社会保障・人口問題研究所ですら、〝出生数の〟予測を外すぐらいなのだから、素人の僕らは予測をベースに行動するのはもうやめて、目の前にある確実な数字（人口）と向き合った方がいい。


とにもかくにも、泣いても笑っても日本の人口は減っている。

20年後、20歳の日本人が80万人以上になることは、確実にない。

日本人向けに商売する人間にとっては「お客さんが激減している」という危機的状況だ。

僕らは「たくさん売ることができない時代」を生きている。

そんな時代を、これまでと同じ価格帯で乗り切れるわけがない。

僕らは「今、150円で売っている『おむすび』を300円で買ってもらう技術」を身につけなければならない。

そのうちの一つが、前述した「ベンツ」のように**「意味をつける（ブランドにする）」というアプローチ**だろう。

ブランドになってしまえば、機能は同じでも、高く売れる。

とは言ったものの、誰でも彼でもブランドを作れるわけじゃない。

ブランドの市場はトップクリエイターと大手広告代理店の巣窟だ。

目指すのは自由だけど、裸一貫で飛び込んできたキミに席を譲るほど、連中は甘くない。

ならば、考えなきゃいけないのは、**「ブランドになれない人間が、お金持ちじゃない人に、これまでよりも少しでも高く商品を買ってもらうためにはどうすればいいか？」**だ。

大丈夫。答えはある。

その答えを手に入れるためにはまず、「現状」をキチンと把握しておく必要がある。

「今さら」な話になるけど、**「インターネット（あるいはSNS）によって、僕らの世界では何がどう変わったか？」を知る必要がある。**

さっそく結論を言っちゃうけど、インターネット（SNS）によって、情報が皆のものになった。

昔は、分からないことがあれば、物知りなオジサンに聞きに行っていたけど、今はグーグルやツイッターで、ある程度の情報を引っ張り出すことができる。さらに精度の高い答えが知りたけりゃ、ＡＩに聞けばいい。

情報が皆のものになって、そして、「情報に紐づいた技術」も皆のものになった。「料理のレシピ」などだ。

インターネット前（情報が少なかった頃）は、街中に「マズいラーメン屋さん」は普通にあったんだけど、今はどこを探してもない。

「どの店も大体美味《おい》しい」というのが今だ。

そして、もう一つ。

インターネット前は「高い電気屋さん」が普通にあった。

家電を購入した後に、「ああ！　アッチの店で買えば、あと１０００円安かった！」という後悔の声がアチコチで上がったもんだ。

当時は「折り込みチラシ」ぐらいしか情報がなかったからだ。

だけど今は、そういった「アッチの店で買えば良かった」という事故はあまり見られない。そりゃそうだ。キミが電気屋さんで家電を買う時には、まず、Amazonや楽天で「値段」を調べるだろう?

そういった感じで、お客さんが「値段の答え合わせ」をできてしまうので、今は、「どの店も大体同じ」という世界線だ。

昔は、「マズイお店」があったから、「美味しいお店」になることで、お客さんを集めることができた。

昔は、「高いお店」があったから、「安いお店」になることで、お客さんを集めることができた。

それに対して、今、多くのサービス提供者は、「美味しいお店」しかないのに、「美味しいお店」になることでお客さんを呼ぼうとしている。

これ以上「美味しさ」を追求しても、「97点」か「98点」かの競争で、競合との技術差はほとんど生まれない。

技術差が生まれないということは、（技術点を競う以上）値段の差も生まれない。


つまり、これ以上「美味しいラーメン」を作っても、高く売ることはできない。


さっき学んだだろう？

「プレミアム」の値段を決めるのは「お客さん」で、お客さんが決める値段には「理由」が必要だ。

「60点」のラーメンを「80点」にすれば、「＋200円」になるかもしれないけど、「97点」のラーメンを「98点」にしたところで、「＋100円」にはならない。

にもかかわらず、相変わらず日本人は「技術」を追い求めている。

言ってしまえば、「お金にならない努力」を続けている。

「より美味しいラーメンを作れば明るい未来が広がる」と信じている。


去年よりも、たしかに「美味しいラーメン」を提供できているハズなのに、値段を上げればお客さんが離れていくから、値段を上げられない。

おかげで、働いても働いても、生活がいっこうにラクにならない。

僕らが患っている病の正体はコレ。

そして、話はここからだ。

歴史的大敗から学ぶ「ハイスペック」と「オーバースペック」

仕事柄、いろんな国の人達と御一緒させていただく機会が多いんだけど、日本人ほど「職人気質」な人の多いコミュニティーに出合ったことがない。

しかも細部までこだわり抜く「探究心」や「しぶとさ」も搭載している。

「料理」にしても、「体重別のスポーツ」にしても、世界と規格を揃《そろ》えた時に（同じ条件で競争した時に）、日本人はいつも、その世界のトップにいる。

ミュージカルにしてもそうだ。

好みは別として、「ダンスの揃い具合（技術点）」で言えば、本場ブロードウェイよりも、劇団四季の方が見事だ。

ちゃんと調べりゃ、日本人の「職人気質」にはルーツがあるんだろうな。

だけど、**日本人のこの職人気質（とことんクオリティーにこだわる癖）が、今、日本人を苦しめている。**

なぜだ？

キミが「夢」を追いかけ続けるには「お金」が必要だ。

もうちょい踏み込んだ話をすると「お金」と「時間」が必要だ。

ただ、キミが調達する「お金」と「時間」には限界（天井）がある。

そのことを踏まえると、**大切なのは「自分の資源（お金と時間）をどのように分配するか？」**だ。

キミの人生は、この「資源の分配」に尽きる。

「資源の分配」を制した者が勝ち、「資源の分配」を考えなかった者が負ける。

それ以上でも、それ以下でもない。

これが現実だ。

「ハイスペック」と「オーバースペック」の違いを説明できるか

大切なのは、「見返りがある場所に、キミの資源を正しく投資すること」だ。

さっきの話で言うと、「60点」のラーメンを「80点」にする作業には資源を投資した方がいい。

ラーメンの値段が「200円」も上がるから。

言ってしまえば、これは「実りある努力」だ。


ただ、「97点」のラーメンを「98点」にする作業に、キミの限りある資源を投資するべきではない。

そのプラス1点に「1000万円」や「1年」を費やしたところで、お客さんは「97点」と「98点」の違いが分からない。

職人さんには残酷なお知らせになるけど、お客さんのジャッジでは、「97点」も「98点」も、「どちらも美味しい」という結果になる。

そこに「1点刻《きざ》みの点数」はない。


全ての商売人・職人が相手にしなければいけない多くの一般人は「高次元の対決の微差」が分かる舌を持ち合わせていない。

だから、体操や、フィギュアスケートには、「プロ審査員」が存在するわけだ。


誤っちゃダメだ。

商売の世界に「プロ審査員」は存在しない。

キミの商品の評価をするのは、「高次元の対決の微差」が分からないお客さんだ。

その上で、キミが把握しておかなくちゃいけないのは、お客さんの「満足ライン」だ。

ラーメンの場合の「満足ライン」を、仮に「85点」だとしよう。

お客さんの胃袋はもう「85点」で満たされていて、それ以上の判断はできない。

大切なのでもう一度言うけれど、97点のラーメンも、98点のラーメンも、「どちらも美味しい」と判断する。


職人は常に「ハイスペック」を求める。

それは素晴らしいことだし、だからこそ職人だ。

この文章の中に、その職人の努力を否定する意図は1ミリもない。

僕のチームだって、昨日よりも1ミリでも良いモノを追求している。

ただし、このことは知っておかなくちゃいけない。

お客さんの「満足ライン」を超えてもまだ高みを目指し、そうして獲得した「もはやお客さんが判断できない技術（旨み）」を、「ハイスペック」とは呼ばないことを。

満足ラインを超えた技術（パフォーマンス）の名は「オーバースペック」と呼ぶ。

「オーバースペック」は自己満足であり、お客さんの満足度にはカウントされない。

もうとっくにお客さんの「満足ライン」を超えているのに、職人は（日本人は）自分の限りある資源を、「お客さんが判断できない技術（旨み）の向上」に投資してしまう。

なぜ、こんなことが起きてしまうのだろう？

職人に対する「洗脳」

日本（近年）の職人の歴史的大敗といえば「携帯電話」だろう。当時、いろいろなメーカーが多種多様な携帯電話を売り出し、群雄割拠の様相を呈《てい》していた。

ガラケーの晩年。日本の携帯電話メーカーが、どんな競争をしていたか覚えているかな？　世代的には知らない子も多いだろうな。

「軽さ」を競っていたんだ。

「ウチの新機種は○○グラム」「いやいや、負けてませんよ！　弊社の新機種は○○グラム」といった感じで、1グラムを削る戦いを見せていた。

ここで、当時の若者だったお父さんお母さんにお聞きしたい。

メーカーが汗を流していた「1グラムを削る戦い（軽量化合戦）」は、どうでも良くなかったですか？

だって、300グラムぐらいの「ネコのフサフサの尻尾のストラップ」とかつけてたじゃん。

「ハイビスカスのジャラジャラ」をつけてる人もいたし、「まりもっこり」をつけてる人もいたし、携帯電話の表面にスワロフスキーを貼りつけてデコレーションしている人も大量発生していた。重いぞアレは。

「携帯電話は、ある程度軽かったら、どうでもいい」というのが消費者の「満足ライン」だった。

それにもかかわらず、新機種が出る度に「コンパクト」「軽い」を売り込むメーカー。そして、それを求める職人さん。

なぜ、このようなミスマッチなことが起きたのか？

これは、携帯電話の歴史（変遷）を見ていくと、納得がいく。

携帯電話は重かった

携帯電話のルーツは１９８５年に出た「ショルダーホン」だ。

その名の通り、当時の携帯電話には「肩ヒモ」がついていた。つまり、肩ヒモが必要になるぐらい、デカくて、重かったんだ。

農薬を散布する機械をイメージしていただけるといい。ほぼアレと同じだ。

それでも当時は、それが最新テクノロジーで、「電話を外に持ち歩けるなんて！」と全員がひっくり返っていた。

そんな矢先、１９８９年に「ＨＰ－５０１」の名で発売された「マイクロタック」が、携帯電話の流れを大きく変えた。

この頃の携帯電話のキャッチコピーは、これ。

『着信はポケットで』

「携帯電話がポケットの中に入る（ポケットに入れて持ち運べるサイズになり

ました）」が、携帯電話の最大のセールスポイントだったんだ。

「マイクロタック」をキッカケに、「小型軽量化競争」が始まり、もともとは「重くて持ち運びが大変」からスタートしたもんだから、軽くすればするほどお客さんに喜ばれ、そして、よく売れた。

軽くすればするほど喜ばれるわけだから、まもなく職人は「軽くすればイイ」と洗脳されてしまう。

この洗脳が厄介だ。

この類《たぐ》いの「洗脳」は、携帯電話マーケットだけで起きている問題じゃない。エンターテインメントの世界でも当たり前のように起きている。

たとえばプロのダンサー。

彼らは、まったく踊れないところからスタートして、たくさん練習をして少し踊れるようになり、少し踊れるようになると、お客さんに喜んでもらえる。「もっと喜んでもらおう」と思って、もっともっと練習をして、もっともっと上達した姿をお客さんに見せると、以前よりももっともっと喜んでもらえる。

そんな調子で、「ダンスの技術」と「お客さんの満足度」「集客力」が比例関係にあるもんだから、「もっと技術を、もっと技術を」とダンサーは練習に励む。

ところが、あるラインを越えたところで、お客さんの中で「ミリ単位の上手or下手」が判断できなくなる。

だけど、その頃にはダンサーはとっくに「ダンスが上手くなれば喜んでもらえる（集客に繋がる）」と洗脳されているので、引き続き「技術の向上」に自分の資源を注いでしまう。

エンターテインメントの世界は、これが顕著で、決して「技術順」に人気ランキングが決まっているわけではない。

エンターテインメントの舞台裏では、時折、技術の高いパフォーマーが、「自分よりも技術が低くて人気が高いパフォーマー」に苦言を呈する場面が見られるが、あれは敗北だ。

エンターテインメントは「プロの審査員の品評会」でもなけりゃ、「コアファンのオフ会」でもない。

エンターテインメントの相手は「お客さん」だ。

お客さんの「満足ライン」に達する技術というのは、あくまで「出場キップ」で、エンターテイナーの勝負はそこから先の「付加価値合戦」だ。

話を戻そう。

日本の携帯電話メーカーは、お客さんの「満足ライン」を超えても尚、技術競争に走った。

それもこれも、「技術」を追い求めるのが得意な職人（日本人）ならではの落とし穴かもしれない。


その後、オーバースペックに資源を投資し続ける日本の全ての携帯電話メーカーを、まったく軽くもない「iPhone」が、たったの1機種で駆逐した。「別の価値（別の購買理由）」を提案した黒船に、日本は大敗を喫したんだ。


「味」や「便利さ」や「パフォーマンス」を追求することは素晴らしい。

作り手としては、常にそうあるべきだ。

ただ同時に、**「オーバースペック」が職人の矜持《きょうじ》や自己満足であり、社会的には無駄骨になる可能性を多分に秘めている**ことは、分かっておいた方がいい。

それが「お金」にならないことも分かっておいた方がいい。

２０２３年。

すでに、あらゆるサービスは「満足ライン」を超えている。

自分の商品を高く売るには、「技術以外の何か」を提供する必要がある。

答えはどこだ？

【機能検索】から
【人検索】へ

自分の商品を高く買ってもらうためには、まずは、自分の商品に高い値がつかない（つけられない）仕組みを知ることが重要だ。

そんなこんなで「これからの時代は『機能』には値段がつけにくくなってるよー」という話をさせていただいたわけだけど、ならば僕たちは**「機能」以外の何を売ればいいのだろう？**

この問いにも明確な答えがある。

「機能（ラーメン屋さんの場合なら『美味しさ』）」で差別化を図れなくなった時代のお客さんは、一体何を基準に商品を選ぶのか？

その答えの一つが、「人」だ。

「どの商品を買っても『機能』は大体同じ」という世界線では、どの商品を買っても機能は大体同じなのだから、「誰から買うか？」という基準が力を持つ。

これまで【機能検索】だったものが、【人検索】になるわけだ。
「ラーメン店A」よりも、「ラーメン店B」よりも、「ラーメン店C」よりも、「いつもお世話になっている山田さんのラーメン屋さん」が選ばれるようになる。

キミが消費者ならそうだろう？
「美味しさ」も「値段」も大体同じであれば、「どうせお金を落とすのなら、付き合いのある山田さんの店にお金を落として、山田さんを応援しよう」と考えるハズだ。

【人検索】の世界では、「購買」と「支援」の境界線が曖昧《あいまい》になり、あらゆるサービスが「クラウドファンディング」や「ファンイベント」のように扱われる。つまり、**商品を買う理由に「応援」という項目が入ってくるわけだ。**

これは僕の憶測（仮説）じゃない。ここに書いているのは結果だ。

僕は『西野亮廣エンタメ研究所』という数万人のコミュニティー（オンラインサロン）を運営していて、数万人のサロンメンバーの行動パターンをある程度把握しているが、サロンメンバーはサロンメンバーのお店をよく選ぶ。
「機能に差がない中で、どうせお金を落とすのであれば、自分と同じようなものを面白がっている（同じ価値観の）サロンメンバーさんの店にお金を落とそう」という感じで。

そして、彼らはオフ（営業時間外）でも頻繁にコミュニケーションをとり、フットサルやBBQを企画し、時に「祭り」を企画し、その過程で絆《きずな》を深め、【人検索】を加速させ、互いに応援関係を作り、互いのサービスの足場を固めている。実に合理的だ。
「機能」を売りにしなくても、集客に成功しているサロンメンバーは少なくない。

大切なのは「ラーメン店A」や「ラーメン店B」や「ラーメン店C」になる

ことではなく、「山田さん（仮）のラーメン屋さん」になることだ。

【人検索】に引っ掛かることだ。

「山田さんのラーメン屋さん」が値下げしなくて大丈夫な理由

競合が増えれば、値下げ競争が始まるのが商売の理屈だ。

どこのお店も「1杯＝700円」でラーメンを提供していたら、あるタイミングで「A店」は650円に値下げをして、勝負をかけてくる。

たまらず「B店」も650円に値下げをして、「C店」もその後に続く。

そこで、ラーメン1杯の相場は650円になるわけだけれど、「山田さんのラーメン屋さん」だけは値下げをする必要がない。

理由は「山田さんのラーメン屋さん」が「機能（この場合だと値段）」で選ばれているわけではなくて、「人」で選ばれているからだ。

山田さんの応援の一環として、山田さんのラーメンが選ばれているからだ。山田さんの店のお客さんは山田さんの「ファン」であり、山田さんのラーメンは山田さんの「ファングッズ（応援グッズ）」と言える。


さて。このタイミングでキミは「ファン心理」を学ぶ必要がある。


たとえばキミが「キングコング」のファンだったとして、キングコングのライブに行ったとする。

そこで売られている「ライブタオル」の原価が1000円で、販売価格が3000円だったとする。1枚売れたら2000円の利益が出る。

そのお金は今日参加するライブの美術費や照明費、あるいはスタッフさんのお弁当代にまわされるだろう。
そんなことぐらい、キミ（ファン）は百も承知だ。

そんな中、西野がズカズカとやってきて、「ファンの皆様のために、原価1000円のライブタオルを出血大サービスで100円で販売します」と言った時に、キミは素直に喜べるか？

タオルが売れれば売れるほど、チーム・キングコングの赤字が増え続け、美術はショボくなり、照明はショボくなり、スタッフさんのお弁当もカットされるだろう。

それが分かっていてもキミは原価1000円のタオルを100円で買うだろうか？

きっとキミは「いやいや、3000円払わせてください。その代わり、その利益分で今日のライブを最高のモノにしてください」と言うだろう。

それだ。

ファンは「安く買いたい人」じゃない。

ファンは「応援したい人」だ。

応援する対象が苦しむことを、彼らは1ミリも望んじゃいない。

「山田さんのラーメン屋さん」のファンは、山田さんのラーメンを650円で買うと、山田さんの生活が困窮するところまで想像を働かせる。

つまり、山田さんのファンは、山田さんのラーメンの値下げを許さない。

「700円のままでいいから、生活を整えて、明日も美味しいラーメンを提供してください」と言うだろう。

値下げが止まらないのは「機能」を売っている他のラーメン店だ。

競合が「1杯＝650円」になったのを見て、「A店」が630円にすれば、「B店」も「C店」も630円にするだろう。

そんな中、【人検索】に引っ掛かっている「山田さんのラーメン屋さん」だけは、700円から値下げをする必要はない。
その値段には「山田さんの応援代」が含まれているからだ。

「機能」を売り続ける以上、薄利多売ゲームからは抜け出すことができない。
それだと、働いても働いても生活はラクにならない。

キミが売らなきゃいけないのは「機能」じゃない。「意味」だ。

「キミへの応援代」がキミの商品に含まれる状態に持っていくことが重要だ。

キミの商品を高く売りたいのであれば、「ファン心理」を学べ。
「応援」がどこから生まれるか科学しろ。

「正しいサービス」よりも「惚れるサービス」

僕らのチーム（CHIMNEY TOWN）の話を少しだけさせていただくと……。

現在、『YS−11』（第二次世界大戦後に初めて日本のメーカーが開発した旅客機）をロビーに展示する〝一棟貸しのホテル〟の計画を進めている。

ちなみに、機体はヤフオクで購入した。

機体を一時解体&運送する段階で、機体を駐《と》めていたスリランカが経済崩壊するなど、様々なトラブルに見舞われながらも、スタッフ一同めげずに頑張っています。


『森のひこうきホテル』と名付けたそのホテルは〝一棟貸しのホテル〟なので、ターゲットは「富裕層」になるんだけど、兵庫県川西市の貧乏人である僕は、大人になるまで「富裕層」に触れたことがない。

富裕層の生態系を知らずに、当てずっぽうで富裕層向けサービスを展開したところで、スベり倒して、ハゲ散らかすことは明らかだ。

『森のひこうきホテル』イメージスケッチと完成イメージ

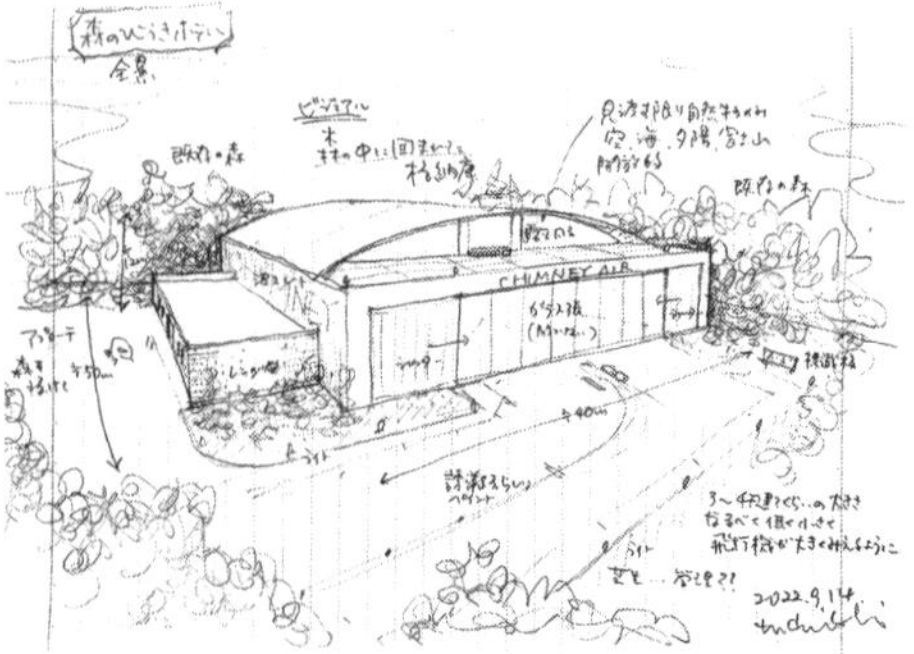

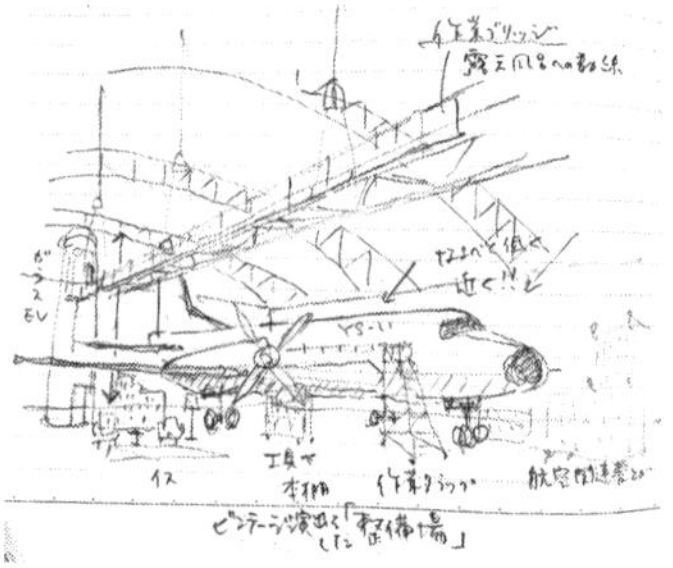

協力:只石快歩

富裕層向けのサービスを作るには、富裕層が普段利用しているサービスを知る必要がある。

というわけで、格安宿から超高級ホテルまで、国内外のホテルを泊まり歩いてみたんだけど、そこで見たのは、「宿泊料金が上がれば上がるほど（高級宿になればなるほど）、『機能』と『値段』が相関しない」という現実だった。

「だんだんと値段に機能が比例しなくなってくる」と言った方が分かりやすいかな。

たとえば、1泊5000円の宿と1泊1万円の宿の「機能」は明らかに違う。5000円の宿は「トイレが他の客と共同」だったりするが、さすがに1万円の宿になってくると、部屋にトイレがついている。

1泊1万円の宿と1泊2万円の宿の「機能」も違う。

1万円の宿はユニットバスだけど、2万円の宿になってくると「風呂」と

「トイレ」は別だ。

最初のうちは、「値段」に合わせて、「機能」もグレードアップしていくんだけど、どっこい、「1泊5万円の宿と1泊10万円の宿の違い」を探すのは難しい。

どちらも当たり前のように「風呂」と「トイレ」は別だし、どちらのベッドもフカフカだし、どちらもアメニティーは充実している。

値段が2倍になったからといって、部屋の広さが2倍になるわけでもなけりゃ、ドライヤーの馬力が2倍になるわけでもない。

そりゃそうだ。

ベッドのフカフカ具合には限界があるし、部屋面積にも限界がある。

これ以上、「機能」を上げようがない。

そして、ここから値段が上がれば、さらに「機能差」が分かりにくくなる。

残るは「快適さ」「居心地の良さ」といった、目には見えない「感情部分」だ。

超高級ホテルはこの「感情部分」で他との差を生み、値段に納得感を生んでいる。ここでも、**やはり「機能」ではなく「意味」だ。**

「正しさ」にかまけるな。惚れさせろ

そんな中、とても勉強になったことがあったので共有しておくね。

都内にある超高級ホテルに泊まった時のことだ。

超高級ホテルの正体を知るには1日では足りなさそうだったので、僕は3日間ほど予約してみた。まぁ、勉強代。

初日。

部屋に通され、さっそく仕事をしようと思ったら、スマホの充電器を自宅に忘れてきたことに気がついた。

一晩ぐらいなら乗り切れそうだけど、今日から3日間お世話になる。

これでは仕事にならない。

僕は大きく溜め息をつき、近所のケータイショップを検索した。

どうせ充電器はすぐに寿命がくるし、スペア用に買っておこうと考えたわけだ。

ところが、そのケータイショップは、歩くと遠く、タクシーを拾っていくほどは遠くない位置にある。

これではタクシー代がもったいないし、それに、こんなことでタクシーを使ったら、「充電器を忘れた」というミスが際立ってしまうので、負けじゃん。（#負けなのか？）

スマホを閉じて、もう一発溜め息をこぼした後、「ホテルのフロントに言えば貸してもらえるかも」と考えた西野は、すかさずフロントに連絡を入れて「スマホの充電器を忘れて困ってるんです。お借りできますか？」とお願いしてみた。

そこから、ものの1～2分で充電器を持って来てくださり、飛び上がって喜んだ西野は「ありがとうございます！　助かりましたー！」とホテルのスタッフさんに何度も頭を下げた。

おかげで、そこから3日間は実に快適に過ごすことができましたとさ。

さて。

これは「充電器を忘れたお客さんのためにスペアの充電器を用意していたホテルってイケてるよねー」という話じゃない。

僕が気になったのは、「僕がスマホの充電器を忘れた、お客さん第一号なわけがない」という点だ。

過去、数百人、数千人のお客さんが、スマホの充電器を忘れ、そして、僕と同じようにフロントに駆け込んでいっただろう。

ならば、最初から部屋の中にスペアの充電器を置いておけばいいじゃないか?

実際、部屋の中(鏡台の前など)にスペアの充電器が置かれているビジネスホテルは少なくない。

「配慮が行き届いているサービス(正しいサービス)」は、明らかにそっちだ。

だけど、どうだろう。

僕がスマホの充電器を自宅に忘れたことに気がついた、あの時。

部屋の中にスペアの充電器が備えてあったら、僕は溜め息をこぼすこともなく、感情の針を動かすことなく、そのまま3日間を過ごしていただろう。

ホテルのスタッフさんとコミュニケーションをとることもなければ、ホテルのスタッフさんに救われ、感謝することもない。

あの時、僕は一度谷に落ちた。

そこにホテルのスタッフさんが颯爽《さっそう》と現れ、救いの手を差し伸べてくれて、僕を谷から引き上げてくれた。

そもそも「谷」などなければ、僕が谷に落ちることもなかったわけだが、だけど僕の目にはそのホテルのスタッフさんがヒーローに映った。

「この人（この人が働くホテル）に何かの形でお礼をしたいな」と思った。

それは「恋」に近い感情だ。

「不自由のない正しいサービス」と「不自由があるが惚《ほ》れるサービス」。

より高い値がつくのはどっちだ？

「恋」を設計する

このホテルの話をした時に、高級ホテルオタクであるマネージャーが「実は私も……」と、こんな話を聞かせてくれた。

彼女が海外の高級ホテルに泊まった時のことだ。

決して安くないホテルなので、「このホテルに泊まるのは3日だけ」と決めていた3日目のこと。

部屋の中に鍵を忘れてしまい、部屋のドアが開けられなくなってしまった。

仕方がないのでフロントまで行き、スペアキーを貰おうとしたところ、「本人確認」を求められたそうだ。

そこで彼女は、パスポートを見せて、無事にスペアキーを手にして、部屋に入ることができた。

その夜。

部屋の呼び鈴が鳴り、出てみると、「1日遅れてすみません。お誕生日おめでとうございます！」とホテルのスタッフが小さな誕生日ケーキを持ってきてくれたという。

たしかに昨日は彼女の誕生日だったが、なぜ、昨日が誕生日だと分かった？

考えられるのは一つ。

フロントでパスポートを出したあのタイミングだ。

そこで、「誕生日」に気がついたスタッフが、すぐにケーキを買いに走ったのだろう。

高級ホテルからすると、たかだか1500円程度のケーキだ。

それでも、その気持ちが嬉しかったマネージャーは、「あ〜ん、もう、好き!!」となり、その場で、もう1泊することを決めたらしい（笑）。

「海老《えび》で鯛《たい》を釣る」を絵に描いたような話だけど、ここで富裕層を摑《つか》んだのは「正しいサービス」ではなく、「惚れるサービス」だ。

キミの商品を高く買ってもらいたいのであれば、「機能」に酔うな。

「正しさ」にかまけるな。

「感情」はプライスレスだ。

人が惚れる立ち居振る舞いを学び、心を奪え。

相場を無視できる【人検索】の実例

オラオラ系の文章が続いたので、ここらで箸休《はしやす》め的に、【人検索】がバチコーン！　と決まっているユニークな実例を紹介させていただきます。

僕は今、兵庫県川西市（西野の地元）で街づくりをしていて、それもあって頻繁に地元に帰っているんだけど、先日、昔から通っている酒場に寄ってみた。その昔、閉店後（早朝）に一緒に地元の川に飛び込んだことがある大将が経営している酒場だ。

店に入り、生ビールを注文して、小腹が空いていたので、大将に「何かテキトーに出してー」という乱暴な注文をしたところ、まもなく「餃子《ぎょうざ》」が出てきた。

「そりゃ、注文したんだから、出てくるだろ」と思われるかもしれないけど、引っ掛かるポイントが2つあった。

1つ目は、「この店には、これまで餃子というメニューはなかった」ということ。

そして、2つ目は、「この酒場はコロナ禍でも繁盛している」ということ。

つまり、「経営が追い込まれて、ひねり出した新メニュー」というわけじゃない。店は変わらず順調だけど、新メニューを開発したわけだ。

ちょっと何よ、そのアグレッシブな姿勢。

泣けるじゃん。

プペルじゃん。プペッてんじゃん。（#オマエだけはイジるな）

大将のその気持ちだけで嬉しいから、ぶっちゃけ、味は全然期待してなかったんだけど、食べてみたら、こいつがメチャクチャ美味しい。

身内贔屓《びいき》ではなく、本当に。

しなくてもいいチャレンジをした上に、結果も出しているわけだ。

なんだか感動しちゃって、大将に「美味しいよ！　大将、この餃子、美味しいよっ！」と興奮まじりに伝えたところ、大将から「当たり前やないか」という言葉が返ってきた。

プロじゃん。プロの鑑《かがみ》じゃん。

「飲食のプロが提供してるんやから、美味しくて当たり前やないか」という意味の「当たり前やないか」でしょ？

と思ったら、違った。僕の早とちりだった。

大将の「当たり前やないか」の後に続いた言葉を聞いて、ひっくり返った。

「スーパーで買ってきたんやから」

椅子が崩れ落ちたよ。

椅子から崩れ落ちたわけじゃない。

椅子の根本が崩れ落ちたんだ。

大将曰《いわ》く、「スーパーに食品を卸せるのは、プロの中のプロの仕事や。そういった高尚な方が開発してくださった餃子なんやから、美味くて当たり前やろ。俺が作ってるのとワケが違うんや」。

なぜ、説教されているかは分からなかったけど、近所のスーパーで330円ほどで買った餃子をレンジで温めて、500円で出していることだけは分かった。

だけど、それでいい。
ここで、この餃子を食べることが大将の応援になるわけだから。
店のお客さんも、皆、そのことを分かっていた。
安く食べたければスーパーで買えばいいことを分かった上で、この店で注文しているんだ。

「機能」を販売するだけなら330円だ。

だけど、「大将の応援」という「意味」を付加価値として販売しているから500円になった。

その瞬間、この餃子のカテゴリーは「ファングッズ」になっている。

【人検索】は相場に抗《あらが》うことができる数少ない打ち手の一つだ。

これをモノにしない限り、キミは薄利多売合戦から抜け出せない。

参考までに。

求められているのは「顧客のファン化」だ

僕らのようにエンターテインメントを生業にしている人間は、むしろ「機能」を販売する機会が少ない。

僕が働いているCHIMNEY TOWNではWebサービスを運営していたり、コーヒーや化粧品を開発&販売していたりするけど、それは希《まれ》なケースで、**ほとんどのエンターテイナーは「機能以外の何か」を売っている。**

ライブタオルにしても、その値段のほとんどが「応援代」だ。

そして、その「機能以外の何か」を購入してくれるのが「ファン」と呼ばれる人達。

「機能」で差別化を図れなくなり、「機能」以外のものを売っていかなきゃいけない世界線では、この「ファン」を深く理解しておく必要がある。

そんなわけで、ここからは「ファン」のお話。

「〝機能〟を買う顧客」と「〝意味〟を買うファン」

２０２０年。これまで情報弱者に詐欺扱いされていたクラウドファンディングが、新型コロナウイルスの感染拡大の波に乗った。

クラウドファンディング（購入型）の市場規模は、２０１９年の1月〜6月で約77億円だったけど、２０２０年1月〜6月は約２２３億円にまで成長した。

この時期、特に目立ったのが、移動が制限された煽《あお》りをモロに受けたお店のクラウドファンディングだ。

実店舗経営者は、街に人がいないのに、客がいない店の家賃を払い、稼働していない従業員の給料を払い、「まもなく会社のキャッシュが尽きる」という地獄的状況を迎えていた。

全国津々浦々、いろんな店が悲鳴まじりのクラウドファンディングを立ち上げたが、残酷にも**「支援が集まらなかった店」と「支援が集まった店」がクッキリと分かれた。**

学校教育はこのことを見事にスルーしているけど、僕らはこの結果から学ばなくちゃいけない。

クラウドファンディングにすがる未来が、またやってくるかもしれないのだから。

今からクラウドファンディングのことを偉そうに語らせてもらうんだけど、僕のクラウドファンディングの実績で言うと、吉本興業のクラウドファンディングのプラットフォームを一つ作って（そんなタレントいる?·）、CHIMNEY TOWNのクラウドファンディングのプラットフォーム『PICTURE BOOK』も一つ作って、個人のプロジェクトだと支援総額は「約5・7億円」なので、たぶん国内トップだと思う。

つまり、「実績のある人間が、その経験から語らせてもらうよ」という話です。

さて。

コロナ禍で「支援が集まらなかった店」と「支援が集まった店」の違いは何だったのか?

結論から言うと、「顧客に支えられている店」には支援が集まらなくて、「ファンに支えられている店」に支援が集まった。

今、「顧客」と「ファン」という2つの言葉が出てきたけど、これがとってもとっても大切で、僕らが「お客さん」と呼んでいる人達の中には**「顧客」**と**「ファン」**がいる。

「顧客」というのは、「商品を買ってくれる人」のことで、「ファン」というのは、「サービス提供者を応援してくれる人」のこと。

「ファン」は「サービス提供者を応援するために商品を買ってくれる人」とも言える。

ライブタオルなんて、まさに。


「顧客は『機能』を買い、ファンは『意味』を買う」と整理すると、よりクリアになるかも。

「お客さん」を一まとめにしてはいけない。

「顧客」と「ファン」は、まったくの別物だ。


たとえば、キミが毎日利用しているコンビニが、コロナ禍でクラウドファンディングを立ち上げたら、キミは支援するかな？

……たぶん、しないよね（笑）。

理由はキミがそのコンビニの「顧客」だから。

そのコンビニで、お惣菜や、おむすびや、お茶は買うけれど、キミはそのコンビニの店員さん（サービス提供者）の名前を知らない。

コンビニでは「機能」しか買っていない。

そして、コンビニの顧客であるキミはきっと、こんなことも考えている。

「コロナ禍でこのコンビニが潰れても、居抜きで、また別のコンビニが入るから、まぁ、生活に支障はない」と。

これが「顧客」の思惑だ。

気をつけた方がいいのは、「常連だけれど、顧客」という可能性があるということだ。

店が「お客さん」で埋まって安心している場合じゃない。その「お客さん」の大半が「顧客」だった場合には、コロナ禍では助けてもらえないし、「機能」しか売っていないので、商品を高く売ることはできない。

他方、たとえばキミがいつも通っているスナックのママが「コロナでお店が大変やから、クラウドファンディングを立ち上げてみたわ」と言い、そのクラウドファンディングのリターン（返礼品）が「2000円支援してくださったら、今度、お店に来てくださった時に、ウインクしちゃうっ」という悪魔的な内容だった場合、キミは支援するかな？

……たぶん、するよね（笑）。

理由はキミがそのスナックの「ファン」だからだ。

「ここで店が潰れてしまうと、ママが路頭に迷っちゃうし、ママの息子さんの学費はどうする？」というところまでキミは考えるだろう。

ウインクの購入は口実で（ウインクなんて1ミリも要らない！）、キミは、スナックのママや、ママの御家族を守るために2000円を出すんじゃないかな。

それが「ファン」だ。

ファンは、コロナ禍で助けに来てくれるし、機能性ゼロの「ウインク」も買ってくれる。

「顧客」と「ファン」は別物だ。

キミがサービス提供者として向き合う「お客さん」の中には「顧客」と「ファン」がいる。

その比率が「顧客：ファン＝９：１」ならば、それを「８：２」にして、「７：３」にして、「６：４」にしていく作業が、（商品を高く買ってもらいたい）キミには必要だ。

今、キミに求められているのは「顧客のファン化」であり、これには明確な方法があるので、これから伝える。

まったく勉強になる一冊ですね。

僕のファンになってくれてもいいよ。

「応援シロ」の計算式

「顧客のファン化が大事だよ」と言われても、その方法を知らないことには始まらないので、ここからは「ファンの作り方」について。

これは、「全お笑い芸人が経験している」と言っても過言じゃないけど、お笑い芸人が最も集客できる時期は「テレビに出始めた頃」で、そこで集客力のピークを迎え、そこからは右肩下がりになる。

テレビに出ているわけだから、「認知度」は右肩上がりなんだけど、どっこい、そこに集客力がついていかない。

「認知」と「人気」が比例関係にない。

かくいうキングコングも、テレビに出始めた頃には「ライブのチケットは数秒で完売」という状態だったんだけど（※劇場に入れなかった出待ちファンが2000人いた！　すっごい人気じゃん！）、自分達の番組がゴールデンタイムに上がった頃には、ライブチケットは売れ残り、300人の劇場も埋められなくなっていた。

番組視聴率は毎週20％をキープしていて、人口に置き換えると（その一番組だけでも）毎週約２５００万人が自分達のことを観てくれていたのに、３００席が埋まらない。

キングコングは、その認知度と裏腹に、集客力を落としていた。

ファンを失ってしまったんだ。

その数年後、武道館ライブをするまでにキングコングの人気はＶ字回復をするわけだけれど、武道館のステージはたまたま辿《たど》り着いたわけじゃない。

人気が落ち込んだ時に「ファン」について仮説・検証を繰り返し、そして手を打った。

「ファンがいない」とはどういうことか？

「ファンがいない」という状態を作っている原因は何なのか？

この問いに対する答えは極めてシンプルで、「応援シロがない」だ。

「応援シロ」を作らなければファンは生まれない

当たり前の話だけど、「応援シロ」がないと応援しようがない。

劇場で汗を流している芸人はテレビに出ることを目標とし、ファンはそこまでの道のりを応援する。

劇場からテレビまでの距離が「応援シロ」だ。

テレビに出ることが当たり前になってしまうと、芸人の目標は「レギュラー番組の本数を維持する」に変わってしまい、それは「現状維持」であるので、「応援シロ」がなくなってしまう。

認知度を上げても、ファンが減ってしまう理由はこれだ。

ファンを作る上で大切なのは「応援シロ」を作ることだ。

そして、「応援シロ」には明確な計算式がある。これだ。

【応援シロ】＝【目的地】－【現在地】

「応援シロ」がないとファンは生まれない。

そのためには「［目的地］－［現在地］」の値を生む必要がある。

そしてキミがやらなきゃいけないことは、キミの「目的地」とキミの「現在地」を晒《さら》し続けることだ。

キミは「自分がどこに向かっていて、今、どれぐらい足りてないのか?」を周囲に共有し続けなきゃいけない。
「目的が達成されなかった時に恥をかきたくない」という理由から「目的地を隠す」という自己保身に走ってはいけない。
「みっともない自分を晒したくない」という理由から「現在地を隠す」という自己保身に走ってはいけない。

キミの「目的地」とキミの「現在地」を晒さない限り、キミに「応援シロ」は生まれない。

「応援シロ」がない限り、キミに「ファン」は生まれない。

クラウドファンディングがいい例だ。
リターン(返礼品)を売って、お金を集めるだけならば、ECサイト(ネットショップ）でやればいい。
手数料もＥＣサイトの方がよっぽど安い。

それでも（ＥＣサイトという選択肢があるにもかかわらず）クラウドファンディングにニーズがある理由は、クラウドファンディングに「目標金額」があるからだ。

クラウドファンディングのプロジェクトページのトップには「目的地（目標金額）」と「現在地（現在の支援総額）」がハッキリと出ていて、「あと、どれぐらいの応援が必要なのか？」が目で見て分かるようにデザインされている。

ＥＣサイトではファンは生まれないけど、クラウドファンディングではファンが生まれる。
それが、クラウドファンディングのニーズだ。

郵便はがき

お手数ですが、
切手を
おはりください。

1510051

東京都渋谷区千駄ヶ谷4-9-7

(株)幻冬舎

書籍編集部宛

ご住所 〒 都・道 府・県	
	フリガナ お名前
メール	

インターネットでも回答を受け付けております
https://www.gentosha.co.jp/e/

裏面のご感想を広告等、書籍のPRに使わせていただく場合がございます。

幻冬舎より、著者に関する新しいお知らせ・小社および関連会社、広告主からのご案内を送付することがあります。不要の場合は右の欄にレ印をご記入ください。

不要 □

本書をお買い上げいただき、誠にありがとうございました。
質問にお答えいただけたら幸いです。

◎ご購入いただいた本のタイトルをご記入ください。

『　　　　　　　　　　　　　　　　　　　　　　』

★著者へのメッセージ、または本書のご感想をお書きください。

●本書をお求めになった動機は？

①著者が好きだから　②タイトルにひかれて　③テーマにひかれて
④カバーにひかれて　⑤帯のコピーにひかれて　⑥新聞で見て
⑦インターネットで知って　⑧売れてるから／話題だから
⑨役に立ちそうだから

生年月日	西暦　　　年　　月　　日（　　歳）	男・女		
ご職業	①学生	②教員・研究職	③公務員	④農林漁業
	⑤専門・技術職	⑥自由業	⑦自営業	⑧会社役員
	⑨会社員	⑩専業主夫・主婦	⑪パート・アルバイト	
	⑫無職	⑬その他（　　　　　　）		

ご記入いただきました個人情報については、許可なく他の目的で使用することはありません。ご協力ありがとうございました。

キミの「目的地」とキミの「現在地」を、晒せ。
それも1回や2回じゃない。**晒し続けるんだ。**
キミのファンは、その延長線上にいる。

「ファン創造」の実例

クラフトビール「よなよなエール」で知られる株式会社ヤッホーブルーイングは「ファン創造」に積極的だ。

2010年に「宴《うたげ》」という、お客さんとスタッフが交流を深める「ファンイベント」をスタートさせ、年々規模を大きくしながら、コロナ禍でもオンライン開催という形で、「ファンイベント」を続けている。

2017年10月に、神宮外苑軟式球場でおこなった「よなよなエールの超宴」には4000人が集まる盛況っぷり。

こちらのイベントに申し込んだ1グループの平均人数は3名前後だそうで、1000〜1500名のファンが2〜4名の家族や友人を連れてきているという計算になる。

ここに、「ファンが新規顧客を連れてきて、新規顧客がファンになる」という流れが生まれている。

おかげでヤッホーブルーイングが新商品を発表する日は、お祭り騒ぎ。その日のツイッターにはヤッホーブルーイングのファンの「応援宣伝」が躍る。

「売り上げ」より「ファン創造」を選んだ結果

東京・表参道にある美容室『NORA HAIR SALON』も「ファン創造」に前向きだ。

僕が仕事で地方（海外も含む）に行った夜は、なるべく、その地元に在住のオンラインサロンメンバー（@西野亮廣エンタメ研究所）と呑みに行くようにしているんだけど、「東京開催」となると人も多くなるので、参加の手を挙げてくれたメンバーが、お店（居酒屋）に入りきらない。

そんなこんなで困っていたところ、『NORA HAIR SALON』が声をかけてくださった。

なんと、オフ会の会場として店を貸してくださるというのだ。それも、「オフ会のために店を早めに閉める」という出血大サービス。

この日、『NORA HAIR SALON』は18時には営業を終了して、19時からは『西野亮廣エンタメ研究所』のオフ会の会場となった。

着目すべきは、「『NORA HAIR SALON』のスタッフさん（美容師さん）達が、『西野亮廣エンタメ研究所』のオフ会のボランティアスタッフとして店に残っている」という点だ。

『NORA HAIR SALON』のスタッフさんが、オンラインサロンメンバーが持ち寄った酒をクーラーボックスに入れ、クーラーボックスから取り出す時には瓶《びん》についた水滴を拭いてくれる。

そして、オンラインサロンメンバーと共に呑み、語り明かす。

その時、初めて『NORA HAIR SALON』を訪れたオンラインサロンメンバーと、スタッフさんとの会話が面白い。


「今度、僕の髪、切ってください」

「是非是非。切らせてください」


カット技術を確かめることもなく、カット料金を確かめることもなく、契約を済ませているのだ。

もしも、そのスタッフさんのカットがベラボーに下手クソだったらどうする？

もしも、カット料金がボッタクリ価格だったらどうする？

いやいや、そんな心配は要らない。

情報が共有され、「クオリティー（機能）」は今、上の方でドングリの背比べをしている。

今どき、「カットがベラボーに下手な美容師」はいない。

今どき、「ボッタクリ価格の美容室」は存在しない。


微差が分かるプロに言わせりゃ話は違ってくるが、僕ら素人目に見れば、どの美容師さんも上手で、どの美容室も大体同じ値段だ。

多少、前髪を短く切られすぎたとしても、髪はまた伸びるし、思っていたよりも500円高かったとしても、酒を酌み交わしてズブズブの関係になったスタッフさんのために使われるお金ならイイ。


忘れてはいけないのは、この日、『NORA HAIR SARON』は「18時以降の売り上げを捨てた」ということだ。

「18時以降の売り上げ」よりも、「ファン創造」を選んだ。

『NORA HAIR SARON』は僕のオンラインサロンのオフ会以外にも、様々な場面で「ファン創造」のアプローチを続けている。

そして、**その活動はコロナ禍で見事に実を結んだ。**


最初の緊急事態宣言が発令され、東京の街から人が消えた日のこと。

御多分に漏れず、『NORA HAIR SALON』も追い込まれていた。

表参道にある大きな店だ。家賃の支払いだけでもバカにならない。


その時、『NORA HAIR SALON』が打ち出したのが「未来チケット」だった。

要するに「回数券」だ。

緊急事態宣言が発令されている今じゃなくても、いつかは髪を切るし、いつかは髪を染めるし、いつかはパーマをかける。

というわけで、オンラインショップで「未来チケット」を販売したところ、これが飛ぶように売れた。

北海道のお客さんから、沖縄のお客さんまで、皆が『NORA HAIR SALON』

の「未来チケット」を購入した。


面白かったのは、「未来チケット」を購入した多くが「未来チケット」を一度も使わなかったことだ。

僕も「ヘアカット10回分」を買わせていただいたが、やっぱり使わなかった。

きっと、同じように使わなかった他の人達といっしょの気持ちだと思う。

僕らは、ただただお金を渡したかったんだ。

このまま店が潰れると、あのスタッフさんが路頭に迷うから。

ただただお金を渡したかった。


だけど、「お金を受け取ってください」と言うと、断られてしまう。

僕らには「NORA HAIR SALON がお金を受け取る言い訳」が必要で、その時、「ヘアカット10回分、先払いさせていただきます」は都合が良かった。

「自分のために買っている」と打ち出せるので。

これは、キャバクラやホストクラブの「シャンパン」に近い。

シャンパンを呑みたくてシャンパンを注文するお客はわずかで、ほとんどのお客は、目当ての女性や男性を応援することを目的としてシャンパンを注文している。

直接、お金を渡すと見映えが良くないので、シャンパンを注文することで、間接的にお金を渡している。

キャバクラやホストクラブのシャンパンは「飲み物」ではなくて「ファングッズ（応援グッズ）」で、『NORA HAIR SALON』の「未来チケット」もまた「ファングッズ」だった。

ヤッホーブルーイングも、NORA HAIR SALONも偶然ファンが生まれているわけじゃない。

狙いを定め、「ファン創造」のコストを支払って、ファンを生んでいる。

キミはどうだ？

コミュニケーションは
どこから
生まれるのか？

ここまでの話をザックリまとめると**「顧客をファンにして、商品に『応援代』をのせた方がいいよね」**といったところ。

登場人物は「サービス提供者」と「お客さん」で、「顧客」だの「ファン」だのの「応援シロ」は、その二者の間で交わされるやりとりだ。

ここからは、それとはまた違う（もう一歩先の）話。

これは僕が働いているCHIMNEY TOWNでも積極的に取り入れている手法であり、確かな成果が出ているので参考にして欲しい。

美食の街「サン・セバスティアン」

6年ほど前、「西野さんの街づくりの参考になると思います」とスタッフにそそのかされ、スペインの「サン・セバスティアン」という街を訪れた。

「ここは美食の街なんです」と紹介されたが、僕は食に興味がない。

「お前が来たかっただけだろ！」とツッコミを入れて、夜の街に繰り出したんだけど、コイツが面白い。


路地裏にはたくさんのバルが建ち並び、日が暮れ始めた頃にはお祭り騒ぎ。

「せっかくこれだけの数のバルがあるのに、1軒で終わらせてしまうのはもったいない」ということで、サン・セバスティアンにはハシゴ酒文化がバッチリ根づいていた。


それも、「2軒目、3軒目」というレベルではなく、「7軒目、8軒目」といった調子だ。

「2杯やったら、次の店」といった感じで、皆、立食パーティーのように街中を歩き回っている。

これは実に合理的だと思った。

歩いているうちにお腹が空くし、酔いも醒《さ》めるのだから。

つまり、一晩の飲食量が知らず知らずのうちに増えていく。

すかさず、「飲食店を経営する時は、お腹が減る&酔いが醒める仕組みを店内に内包する」とメモをした。（#生粋《きっすい》のメモ魔である）

そんな調子で呑み歩くもんだから、2軒目で相席になったスペイン人のオジサンと、8軒目で再会を果たした。

「この街のハシゴ酒文化は結果として合理的で、実に面白いね」と伝えると、「面白い店があるから連れてってやる」とスペオジ（=スペイン人のオジサン）。

「面白い」に目がない僕は、スペオジに言われるがまま店を出て、スペオジに言われるがままタクシーに乗り込んだ。

これまで、ずっと歩いてまわってきたのに、ここに来て、突然のタクシーだ。

その面白い店は、ここから少し離れた場所にあるのだろう。

ところがだ。

車を走らせること、5分、10分、15分。いっこうに店に着く気配がない。

外を見れば、街の灯りはもうずいぶん遠くに見えていて、ただ今スペインの真っ暗な森の中を爆進中だ。

「やってしまった」と思った。

子供の頃から「知らない人にはついて行っちゃダメよ」とあれだけ釘《くぎ》を刺《さ》されていたのに、累計接触時間わずか2~3分の謎《なぞ》のスペオジについてきてしまった。

田舎者の日本人だから、カモにされたのだろう。

幸い、車はそれほどスピードも出しておらず、道路脇には草むらが広がっている。思い切って飛び降りれば、逃げられるような気もしたが、助手席に座っているスペオジは余裕の表情。鼻唄まで歌ってやがる。

きっと、誘拐された人間がここらへんで飛び降りることぐらい織り込み済みなのだろう。ならば、逃げても仕方がない。どうせスペオジはその先の手もきっと考えている。

僕は、スペオジが油断した隙《すき》を狙うことにした。

車はそのまま快走し、街を出てから20~30分後にようやく辿り着いたのは「山奥の工場」だった。スペオジのアジトだろうか。

絵に描いたような誘拐劇だ。

きっと僕は、この工場の中で、腕を後ろで縛られ、猿ぐつわでもかまされてしまうのだろう。

スペオジは相変わらず余裕の表情だ。

工場の中に入ると、そこは想像していた景色とまるで違った。

人でゴッタ返していて、皆、タガが外れたようにハシャイでいる。

両腕を上げて「フー」とか言ってやがる。


「これはこれでヤバイ」と思った。

覚醒剤的なヤバさだ。

僕は逃げるタイミングをうかがいながら、スペオジに言われるがまま席についた。

まもなく男がやってきて、僕のテーブルの前に「裸のフランスパン」と「空のグラス」を置いた。

皿なんてないし、何よりグラスの中がカラッポだ。

すでに覚醒剤を打たれているのだろうか？

幻覚めいたものでも見ているのだろうか？

違った。

まわりを見ると、空のグラスを持った老若男女が隣の部屋に移動している。

こうなりゃ、郷に入っては郷に従えだ。

僕も空のグラスを持って、隣の部屋に移動した。


すると、そこには「シードル」と呼ばれるリンゴのお酒の巨大樽《たる》がズラーッと並んでいて、皆、その巨大樽から自分の酒を注いでいた。

なるほど、コイツは面白い。

巨大樽から直接酒を注ぐ経験などしたことがない。

ここは、それができる「体験工場」のような位置付けなのだろう。

スペオジはこれを経験させたかったわけだ。

連れてきてくれてありがとうスペオジ。

俺はお前のことをずっと信じていたぜ。


ところがだ。

想像していただきたい。「巨大樽の水圧」を。

高圧洗浄機なみの勢いで蛇口《じやぐち》から酒が飛び出してくるもんだから、グラスの底で酒が跳《は》ね返って、1滴もグラスに入らない。

仕方がないので蛇口から離れてみると、今度は蛇口に手が届かない。


こうなると、誰かに蛇口をひねってもらうしかない。

僕は目が合ったスペイン人に声をかけて、蛇口をひねってもらい、無事にグラスに酒を注ぐことができた。

助けてもらったからには、今度は僕が助ける（蛇口をひねる）番だ。

そうして〝共同作業〟でようやく酒にありつけた僕らはすっかり仲良しになっちゃって、フロアに戻る時には二人して両腕を上げて「フー！」と叫ぶ始末。

この工場に入った時に見たのは、少し未来の僕だったのだ。


その後も、グラスが空になれば、近くの席で、グラスが空きそうなお客さんに声をかけて、一緒に酒を注ぎにいった。

おかげで、店内のお客さんは皆、仲良しだ。

これがこの店の「付加価値」なのだろう。

スペオジに「連れてきてくれてありがとう。これは面白い仕組みだね」と伝えると、スペオジは「もっと面白いことがあるよ」と言い、言葉を続けた。

「その酒、さっきの店で売ってるんだよ。しかも、もっと安い値段でね」

同じ酒を安く呑みたければ、わざわざこんなところまで来る必要などなかったんだ。

だけど、どうだ？

この店は人でゴッタ返している。

皆、わざわざタクシーに乗って、わざわざ通常よりも高い値段で「街でも売っている酒」を呑みに来ている。

何を買っている？

「機能」か？　違うな。

「サービス提供者の応援」か？　それも違う。

ここにいるお客さんは皆、**「お客さんとのコミュニケーション」にお金を支払っている。**


この店のコンテンツは「お客さんとのコミュニケーション」だ。

ここで、考えなきゃいけないことがある。

そもそも、なぜ、この店では「お客さんとのコミュニケーション」が生まれたのだろう？

理由は**「不便」だったからだ。**

巨大樽の水圧調整ができる便利な蛇口であれば、酒は誰の力も借りることなく一人で注ぐことができた。

だけど、あの巨大樽は不便で、二人で協力しないと酒にありつけない仕組みになっていた。

そして、そこで生まれた「お客さんとのコミュニケーション」が、この店のコンテンツになっている。


大切なことだから覚えておくといい。

人類誕生から今に至るまで、不便のないところに、コミュニケーションは生まれていない。

そして、**機能で差別化を図れなくなった現代においては、その「コミュニケーション」こそが最大の付加価値になっている。**


いたずらに「不便」を取り除くな。

「機能」しか売れなくなる。

キミの商品の中に**「不便」を戦略的にデザイン**するんだ。

不便がもたらしてくれるもの

京都先端科学大学教授の川上浩司さんが提唱されている「不便益（benefit of inconvenience）」という言葉がある。

読んで字の如く、不便がもたらしてくれる利益・価値のことだ。

有名なところでいうと「富士山」がそう。

富士山は5合目までは車で行けるけど、そこから先は歩いて登らなくちゃいけない。かなり不便だ。

でも、だからといって、富士山の頂上まで続く便利なエスカレーターができたらどうだろう？

富士登山の面白みは消え、「山小屋で休憩をする」というエンタメもなくなり、登頂時の達成感もなくなってしまう。

「5合目から先は歩かなきゃいけない」という不便が、登山者に大きな価値をもたらしていることが分かる。

ＢＢＱもそう。

ＢＢＱ会場のスタッフが気をきかせて、炭に火をつけて、肉を焼いてくれたらどうだろう？

きっとキミはそのＢＢＱ会場を二度と選ぶことはないだろう。

だって、自分達で炭に火をつけて、自分達で肉を焼く面倒を味わいたくて、ＢＢＱを選んでいるのだから。

組み立てられたプラモデルを買う人間なんかいないし、完成したパズルを買う人間もいない。

「イチゴ狩り体験」に行ったときに、農家のお婆ちゃんが気をきかせてイチゴを狩ってくれてたりしたら、きっとキミはお婆ちゃんの膝下を攻めるだろう。

このように、どうやら僕らは昔から「不便」を好んで買っている。

厳密に言うと、**世の中には「必要な不便」と「不必要な不便」があって、僕らは「必要な不便」にお金を支払っている。**

この話をもう少し掘り下げてみよう。

「必要な不便」は大きく二つに分けられる。

「一人で楽しむ不便」と「複数人で楽しむ不便」だ。

一人で楽しむ不便によって得られる喜びは「成長の確認」や「達成感」だ。

プラモデルやパズルがそれ。

一方、複数人で楽しむ不便によって得られる喜びは「達成感の共有」や「コミュニケーション」といったところか。

ＢＢＱで、なかなか火がつかない炭に火がついた瞬間に拍手が起こるだろう？　友達が肉を焦がしたら、笑いながら頭をこづくだろう？

アレだ。

不便とは何か？

不便とは「問い」だ。ナゾナゾみたいなもん。

一人で解けば気持ち良いが、仲間と協力して解けば、尚さら気持ちが良い。そして仲間と力を合わせて解けた時は、解く前よりも仲間との距離が縮まっている。

僕が働いているCHIMNEY TOWNでは、この**「複数人で楽しむ不便」をよく販売している。**

【エッフェル塔の個展の設営をできる権】など。

エッフェル塔の関係者入り口から入り、パリの夜景をバックに、真夜中にエッサホイサと汗を流した。もちろんプロ立ち会いのもと。

ここでお金の流れが逆転していることが分かる。

サービスを受け取る側がお金を払っているわけではなく、サービスを提供する側がお金を払っているんだ。

だけど、こういった「設営できる権」はいつも即完売だ。

皆、不便を求めている。

皆、コミュニケーションを求めている。

もう少しだけお金の話をすると、【エッフェル塔の個展の設営をできる権】の売り上げで、個展の費用は賄《まかな》えたので、個展自体は無料開催となった。

サービス提供者がお金を払い、お客さんが無料で楽しんだんだ。

「機能だけを販売する」という脳では、到底ここには辿り着けない。

キミは、「機能以外の何か」を売らなきゃいけない時代を生きている。

「ブランド」なのか、「スタッフの応援シロ」なのか、「お客さん同士のコミュニケーション」なのか。

後ろ二つには「コミュニケーション」が必ず絡んでくる。

コミュニケーションがないと「顧客」は「ファン」にはならないし、コミュニケーションがないとお客さん同士は繋がらない。

「不便」が「コミュニケーション」を生む

僕は阪神・淡路大震災の被災者なんだけど、あの時ほど、ご近所さんとコミュニケーションをとったことは、後にも先にもない。

都市ガスがストップしたあの日、僕はプロパンガスがある近所の家にお風呂を借りに行ったのだ。

お風呂を借りたお礼に、お手伝いをして、「ありがとう」を交換した。

「この人、喋ってみるとイイ人だな」と思ったことを今でも覚えている。

僕がやっているオンラインサロン『西野亮廣エンタメ研究所』の最大のニーズはここにある。

皆、積極的にイベントに参加して、自分達でもイベントを立ち上げ、イベント主催の苦労を共有して、そこで出会ったサロンメンバー同士の店を行き来している。

そして、サロンメンバーがサロンメンバーの店に行った時に吐く台詞《せりふ》は決まってコレだ。


「これ、応援代だからとっておいて」


もう一度言う。

むやみに「不便」を取り除くな。高く売れなくなる。

一人で生きられる社会を目指すな。「機能」しか売れなくなるぞ。

自分の商品の周辺に「不便（解きがいのある問い）」を戦略的に配置して、コミュニケーションを生むんだ。

バカの一つ覚えの「ユニバーサルデザイン」でコミュニケーションを失っている場合じゃない。

商品を高く売りたいのなら、「何を売るのか？」を明確にした方がいい。

お金のイロハ ～借金は悪いもの？

まず最初に「お金の使い方」について整理しておこう。
お金には5つの使い方がある。
「消費」「浪費」「投資」「投機」「貯金（預金）」の5つだ。

「消費」というのは、日常生活を続けるためにお金を使うこと。
家賃や、食費や、水道光熱費など。
生きていく上で必要なお金だ。

「浪費」というのは、必要以上の贅沢にお金を使うこと。
スイーツを買ったり、ブランドものの洋服を買ったり。
まぁ、ザックリ言えば「無駄遣い」のこと。

「投資」というのは、未来の自分のためにお金を使うこと。

本を買ったり、勉強会に参加したり、仕事をよりスムーズにおこなうための設備を買ったり。

「リターンが見込める商品を購入すること」といった方が分かりやすいかな。

「投機」というのは、資産価格の動く方向を予測して、上がるか下がるかに賭けて売買をおこなうこと。

「安いタイミングで買って、高くなったタイミングで売る」というアレ。

言ってしまえばギャンブルだ。

「貯金（預金）」というのは、お金を貯めること。

銀行にお金を預けることは「貯金」ではなくて、「預金」というんだけど、面倒くさいので、ここでは「貯金」で統一させてください。

このうち、日本で生きる以上、子供時代に触れるのは「浪費」と「貯金」だけの人が多い。

「消費」に関しては親が背負ってくれるし、「投資」と「投機」に関しては親も先生も教えてくれない。

したがって日本の子供達には「無駄遣い」と「お金を貯める」の二択しかない。彼らのお小遣いの使い道は、その二つだ。

言うまでもなく、「浪費」ではお金が増えない。おやつを買ったところで、キミのお金は増えないだろう？

なので、日本の多くの親は「貯金をしなさい」と言うが、残念ながら「貯金」でもお金は増えない。

キミが知っているような有名な銀行の定期預金の金利は「0・002％」ほどで、これはつまり「100万円を1年間預けたら、20円増える」という計算だ。

ちなみにコンビニのATMでお金を下ろしたら、手数料で「220円」ほどが持っていかれる。時間外だと「330円」ほどか。

加えて、世界中の物価が年々上がっているので、10年前に100万円を預けたところで、当時の100万円分の買い物が、今はできない。

つまり、**「浪費」にしても「貯金」にしても、どちらもお金が減ってしまう。**

日本の多くの大人は、子供達に対して「お金の減らし方」しか教えていないというわけだ。

そして、本人達にはその自覚がない。

知らないことは罪ではないが、知ろうとしないことは大罪だ。


次に**「借金」**について考えてみよう。

キミのまわりの大人は、キミに対して「借金は悪いこと」と教えるだろう。

ついでに言っちゃうと、「投資は危ないからやめておけ」とも言うだろう。

無視して大丈夫だ。連中は無知をこじらせて頭がまわっていない。


正確には、「悪い借金」と「良い借金」があって、**「悪い借金」はしちゃダメで、「良い借金」はした方がいい。**

「悪い借金」というのは「消費」や「浪費」に充てることを目的とした借金のことだ。

借金である以上は、いつかは少し上乗せして返さなきゃいけないんだけど、「消費」や「浪費」では、お金が増えないので、返せない。

この時にやらなきゃいけないのは「借金すること」ではなく、「消費」を見直して、「浪費」を抑える作業だ。

ならば、「良い借金」とは何か？

「良い借金」とは、「リターンが確実に見込める投資に使う借金」のことだ。

と言われても、ピンとこないと思うので、例題を出してみる。

たとえば、キミのお父さんから、こんなお題が出たら、キミはどう動くだろう？

「どんな方法でもいいから、皿洗いをしてくれたら、1日につき100円あげるよ」

この時、キミには次の3つの選択肢がある。

1つ目は、「毎日洗って、毎日100円ずつ貰う」。

これはまぁ分かりやすい。

何も考えない多くの人間はこの方法を選ぶだろう。


2つ目は、「毎日洗って、毎日100円ずつ貰って、そのお金を貯めて、10ヶ月後に約3万円の『食洗機』を買って、そこから先は『食洗機』に洗わせて、お父さんからは引き続き100円ずつ貰う」。

10ヶ月目からはキミが働かなくても、キミの懐に100円がチャリンチャリンと入ってくる。

これが**「貯金＋投資」**だ。

こう聞くと、2つ目を選びたいところだけど、「投資は危ないからやめておけ」という大人は、この2つ目の選択肢を奪っている。

連中は「労働の対価＝お金」と洗脳されていて、「お金に働いてもらう」「仕組みに働いてもらう」という発想が皆無だ。

それだと、自分の稼働時間以上のお金は稼げないわけだから、生涯収入の天井が決まってしまう。

そんなことを子供達に教えちゃいけない。

そして、話はここから。

お父さんの「皿洗い問題」に対して、キミには3つ目の選択肢がある。

それが、「最初にお父さんから3万円を借金して、『食洗機』を購入して、最初から『食洗機』に働いてもらって、そうして入ってきたお金で、お父さんに借金を返していく」だ。

10ヶ月目には借金は無事に返済していて、そこから先はキミの懐に100円がチャリンチャリンと入ってくる。

この場合、キミは一度も皿を洗っていない。皿洗いに時間を割いていない。

これが**「借金＋投資」**だ。

この3つの選択肢の中で、キミはどれを選ぶ？

まぁ、迷わず3つ目だろう。

「借金」が悪いんじゃない。

「投資」が悪いんじゃない。

知らないことを知らないままにして、その知識のままで子供達に間違ったことを教える大人が悪いんだ。

今日で終わりにしろ。

第三章

NFT

海に沈んでいるお金の話

この本の第三章は、なんだか理解するのが難しそうな「NFT（Non-Fungible Token）」の話になるんだけど、その前に、「南の島の石のお金」の話をしようと思う。

NFTを理解する上で、知っておいた方がいいチョット面白い話。

ミクロネシア連邦の西端（日本のメッチャ南！）に位置するヤップ島には「石貨」と呼ばれる「石のお金」がある。

昔のアニメ『はじめ人間ギャートルズ』などで見たことがあるかもしれない。真ん中に穴が空いたアレだ。

「石のお金」というものの、僕らが使っているお金のように日用品の購入に使われたりすることはなく、冠婚葬祭の贈答品として使われたり、村同士の争いがあった時に「ごめんね。これでチャラにして」的な感じで贈られたりしていたそうだ。

石自体に「100円」「500円」「1万円」といった数字が彫られているわ

けじゃないので、〝値段がつかない問題〟を解決する時に使われていたのだろう。

石貨は「交換用貴重品」といったところで、ヤップ島では今でも、儀礼的に貴重品を交換することで、社会関係が維持されている。

感謝の気持ちを表す手段、謝罪の気持ちを表す手段として、石貨が使われていたわけだから、当然、ヤップ島の住民は、石貨の価値を信じている。

それもそのはず。

「石貨に使う石」はヤップ島で採掘することができない。

「石貨に使う石」はヤップ島から約500キロメートル離れたパラオ諸島でしか採掘できなくて、パラオ諸島で切り出した石をカヌーかイカダに載せて、遠路はるばる運んでくるわけだ。

ちなみに500キロメートルというと、「東京–大阪間」ほど。

それだけの距離を、時には嵐の中、イカダで運んでくるわけだから、まぁ大変。運ぶ途中で波に呑まれて亡くなった人もたくさんいたそうだ。

そりゃ価値を信じる。

さて、この石貨。

サイズはバラバラで、大きいものだと3〜4メートルになる。

重さにすると5トンといったところか。そんな重いお金を財布に入れて持ち運べるわけがない。

というわけで、石貨はどういう風に使われていたかというと、持ち歩くのではなくて、石貨はその場所から動かさず、「所有者」が変わっていたそうだ。

「あの広場にある石貨をあなたにあげます」といった感じで。

ヤップ島は大きな島じゃないので、「広場の石貨の持ち主が、西野から梶原に移ったらしいよ」という話がまわり、「現在の所有者」を皆で共有することができた。

『石貨移動記録センター（仮）』みたいな中央機関が存在しているわけじゃなくて、「あの石貨の所有者は誰から誰に移った」という石貨の移動の記録は、島民全員の頭の中にあり、島民全員で管理しているわけだ。

面白いのはここからだ。

大きい石貨ほど価値が高いイメージがあるが、厳密にはそうではなくて、石貨の価値はストーリーで決まる。

「これだけ巨大な石貨なんだから、運んでくるのはメチャクチャ大変だったんだよ」「なるほど。そりゃ価値があるね」といった調子だ。

もしかすると、「過去にどういう人が所有していたか?」でも価値が変わったかもしれない。「これ、前にイチローが持ってた石貨じゃん」みたいな感じで。

石貨の移動履歴は島民全員が把握しているので、「過去の持ち主によって価値が変わる」というのは、ない話でもなさそうだ。

そんなヤップ島の石貨の中で「最も価値が高い」と言われている石貨がある。
どこにあると思う？
島の入り口か？　それとも島一番のお金持ちの庭園の中か？
違う。

海の中にあるんだ。

実際に所有していなくても、所有〝感〟があれば、そこに価値が生まれる

その石貨はパラオ諸島から運んでくる途中に嵐に襲われ、海に沈んだそうだ。

だけど、そのことは島の皆が知っている。

触ることも、見ることもできないけれど、海の中に、ヤップ島まで運び切れなかった大きな大きな石貨が沈んでいることを皆が知っている。

なので、「海の底に沈んでいる石貨の現在の所有者は、堤下さんだよね～」といった感じで、海の底に沈んでいる石貨は、冠婚葬祭の贈答品として、村同士の争いのお詫びの品として使われている。


広場にある石貨ならまだ「これ、俺の石貨」と触ることができるし、見せることもできるが、海の底に沈んだ石貨は、触ることも、見ることもできない。

もはや「所有」していない。

あるのは「所有感」だけだ。

だけれど、その「所有感」を贈り合うことで、たしかに価値が移動している。

海の底に沈んでいる石貨の「所有感」を贈ることで、たとえば家と交換できたりするわけだ。

お金とは共同幻想で、皆が価値を信じた瞬間に価値が生まれる。

この話のポイントは、二つ。

『石貨移動記録センター（仮）』みたいな**中央機関がなくても、それぞれが「石貨の所有者の移動」を記録しておけば、交換用貴重品として機能する**ということ。

そしてもう一つは、**「皆が所有者（所有感）の移動を記録している世界」では、「所有感」に価値が生まれる**ということ。

面白いでしょ？

ＮＦＴの理解を手助けしてくれる「海に沈んでいるお金」の話だ。

新しい扉の前には
いつも長い説明が
ある

2021年3月、デジタルアーティスト「ビープル」のNFTアートが約75億円で落札されたニュースが世界中を駆け巡った。

その数日後に、今度はツイッター創業者「ジャック・ドーシー」の史上初のツイートのNFTが3億円超えで落札。これまた大きな話題となった。

「デジタルデータ」はコピーし放題だ。

ビープルのアートにしても、ジャック・ドーシーのツイートにしても、どちらも「デジタルデータ」なので、画像検索&スクリーンショットをすれば誰でも手に入れることができる。

それにもかかわらず、75億円や、3億円の値がついたわけだ。

なぜ、無尽蔵《むじんぞう》にコピーができてしまう「デジタルデータ」にそれだけの価値がつくのだろう。一体何が起きている？

少しでもアンテナを立てて生きていれば、少なくとも2021年3月の時点で、この疑問に辿り着いたハズだ。

ところがどっこい、島国・日本では、この時点で国民の99％（西野調べ）が

「エヌエフティ？　何、それ、美味しいの？」状態。

あれから2年が経ったが、日本は今もあまり変わっていない。

「NFT」を特集している日本のテレビをあまり見かけることがない。

そりゃそうだ。番組ディレクターも、番組MCも、レギュラーのコメンテーターも、「NFT」をまともに取り扱ったことがないのだから。

ニュースとして取り上げることはあっても、「○億円で売れました〜」という表面上の話題だけで、「なぜ、そこにそれだけのお金が動いたのか？」を語れる人間がスタジオにいない。

それならば、話のできる人間をスタジオに呼んで、しっかりと時間を割いて、「こうこう、こういうことですよ」と説明してもらえばいいのだが、チャンネルを変えられてしまうリスクを常に孕《はら》んでいるテレビに、「長い説明」は許されない。

それに、長い説明を聞いて（自分のコストを自覚的に支払って）新しい可能性を学びたい人間は、そもそもテレビを観ていない。

その昔、テレビでクラウドファンディングの可能性について語った時に、共演者やディレクター（編集）からの横槍《よこやり》が15秒おきに入り、アホだと思った。目先の安い笑いのために、どれだけ大きなものを失っているのかを、当時の彼らはまったく理解できていなかったのだ。

おかげでクラウドファンディングという選択肢が日本に浸透するのが、数年ほど遅れた。

質《たち》の悪い芸人の責任が大きいように思うが、日本の「イジる」という文化は、つくづく時代を遅らせる。そして、たくさんの人を苦しめる。

同じ「イジる」でも、しくじった人間を笑いで救う人は「芸人」だが、未来の選択肢の説明の途中に、我慢できずに言葉尻を捉えてイジるヤツはクズだ。

誰も救われていない。

僕らのチームはＮＦＴを「資金調達の手段」として確立させた

今、僕はキミを牽制《けんせい》している。

これからＮＦＴについて話すけど、「ＮＦＴの使い方」に至るまでに、そこそこ長い説明がある。ただ、この説明をスッ飛ばしては、本題の中身には入っていけない。

なので、「この説明は聞いとけよ」と牽制をしている。

長い説明の後に続くのは、どこかで見聞きした話じゃない。

僕らのチームが実際にＮＦＴを事業として走らせ、試行錯誤の末に手に入れた「現場の情報」だ。

僕らはすでにＮＦＴを資金調達の手段として確立させている。

そしてそれは**「NFTでしか叶わない資金調達」であり、他の方法では置き換えられない。**

つまり、NFTの取り扱い方を知らない今のキミは、少なくとも僕たちより「お金を集める手段」が少ない。

それにより、叶わない夢や、救えない人が出てくるだろう。

だから、これ以上、出遅れるな。

説明が少々難しくなっても食らいつくんだ。

それにキミは運がいい。

僕は、難しい話を簡単に説明することが得意なんだ。

ＮＦＴをメッチャ簡単に説明してみる

画像検索で『モナ・リザ』と打てば、大量の『モナ・リザ』が出てくる。そのままダウンロードすれば、スマホの待ち受け画面にすることもできる。世界には複製の『モナ・リザ』はたくさんあるし、偽物の『モナ・リザ』もたくさんある。

本物の『モナ・リザ』はフランスのルーブル美術館にあって、いつだって見放題だ。

いつでも誰でも見ることができる『モナ・リザ』だけど、一応「持ち主」がいる。持ち主は「フランス共和国」だ。

「東京タワー」はいつでも見ることができるし、いつでものぼることができるけど、公共財産じゃないって知ってた？

「東京タワー」は民間（会社）の持ち物で、銀行からお金を借りる時に「借金の担保」にとられたこともあったそうだ。

そのままお金が返せなければ、「東京タワー」は銀行の持ち物になる。

もっとも「持ち主」が変わっても、相変わらず「東京タワー」はあそこに立っているわけで、僕らの生活には何ら変わりはない。

「東京タワーの持ち主は、銀行！」と言えるだけの話だ。


いつでも見ることができるし、いつでも触ることができるモノに、「持ち主がいる」というのはナンか変な感じだけど、でもまぁ、「額縁に入っている絵」だとか、「建物」なら、まだ理解はできる。

それらは世界に一つしかないから。

「キミ、スマホの待ち受け画面を『モナ・リザ』にしてるけど……ここだけの話、『モナ・リザ』の持ち主、俺やねん」と自慢することができるし、「今、皆が見てくれている、あの東京タワー……あれ、俺のやねん」とドヤる（誇る）ことができる。

「持ち主」ということが証明できれば、そのニーズはありそうだ。

ただ、スマホやパソコンに流れてくる画像や動画や音声といった「デジタルデータ」の「持ち主」を証明するのって難しくない？

物体（質量のあるモノ）なら、『本物のモナ・リザ』と『偽物のモナ・リザ』の区別はつくから、「本物」は世界に一つで、「『本物のモナ・リザ』の持ち主はフランスっ！」と言い切ることができる。

だけど、「デジタルデータ」は、いつでも誰でも、本物と寸分の違いもなくコピーできてしまって、言ってしまえば〝本物が大量に出回っている〟から「本物の画像の持ち主はこの人っ！」と言い切れないよね。

それを言い切れるようにしたのが「ＮＦＴ」なんだけど、そこにはどんなカラクリがあるのか？

たとえば、西野が梶原君に1万円を送る場合、銀行を利用するだろう。

西野から梶原君に1万円が送られたことを知っているのは、僕と梶原君、そして二人の間に入った銀行だけだ。キミには知りようがない。
こんな感じで、多くのサービスは銀行のように、真ん中に「管理をする人」がいて、僕らは「管理をする人」に手数料なんかを払いながら、やりとりをしている。

一方、NFTの世界には、僕らのやりとりの「管理をする人」がいない。
偉い人や大きな会社が、僕らのやりとりを管理しているわけではなく、皆のやりとりは皆で管理している。

これまでの一般的な組織（左）とNFTの世界（右）

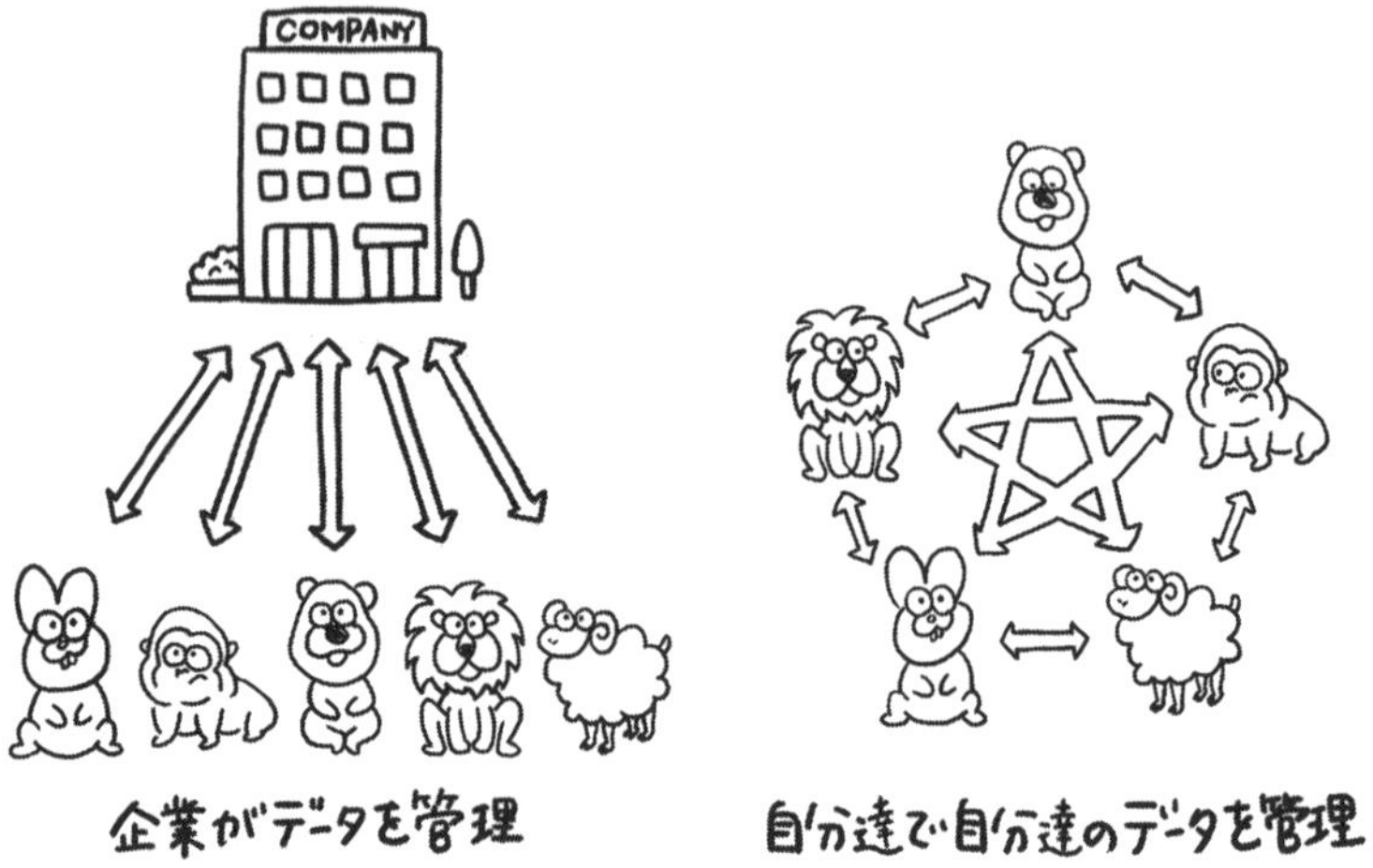

デジタルデータを入れておく「お財布」のことを「ウォレット」と呼ぶんだけど、NFTの世界では、西野のウォレットから梶原君のウォレットにデジタルデータが〝直接〟送られる。「管理をする人」を介さないので、「管理をする人」に手数料を払う必要もない。

「西野のウォレットから、梶原君のウォレットにデジタルデータが送られた」という事実（データ）は皆で管理・共有している。

そればかりか、ウォレットの中身も皆に筒抜けだ。

キミがデパートで買った「画像」を、自分のウォレットの中に入れていたら、そのことも皆に筒抜け。

おかげで、キミが「どんなものにお金を使う人なのか？」は誰でも調べることができる。

皆のやりとり、皆のウォレットを皆で管理している（監視し合っている）という世界だ。

具体例を挙げて説明しよう

たとえば僕が「踊るプペル君」のイラストを描いて、SNSにアップして、【踊るプペル君のイラストの保有権】を、梶原君に10万円で販売してみる。

画像は誰でも保存できるので、何名かのスマホの画像フォルダに、僕が描いた「踊るプペル君」が保存されるだろう。

「踊るプペル君のイラストの保有者は梶原君だよ」と言われたところで、皆の画像フォルダの中にはすでに「踊るプペル君」はあるわけだから、いまいちピンとこないよね？

ただ、皆で管理している梶原君のウォレットを見てみると、そこには、たしかに【踊るプペル君のイラストの保有権】がある。

次の日、梶原君がその【踊るプペル君のイラストの保有権】をインパルス堤下君に売ったとする。

すると、【踊るプペル君のイラストの保有権】は梶原君のウォレットから、インパルス堤下君のウォレットに移動する。

これで皆は、「今はインパルス堤下君が【踊るプペル君のイラストの保有権】を持っている」ということを認識するわけだ。

そんな中、とろサーモンの久保田君が「踊るプペル君」の偽物を自分で描いて【偽の踊るプペル君のイラストの保有権】を市場でコッソリと販売したら、どうだろう?

「ウソつけ久保田! これは偽物だろ! 【踊るプペル君のイラストの保有権】は世界に一つしかなくて、それは今、インパルス堤下が持っているんだっ!」と皆から袋叩きに遭《あ》うに違いない。(#久保田ってそういうヤツなんだ)

ここで扱われている「保有権」こそが、NFTだ。

「踊るプペル君」の画像は誰でも持っている。

「『その画像・動画・音声……などのデジタルデータの保有者は誰なのか？』を証明してくれる証明書」がＮＦＴであり、その「証明書」に値がついている。

ＮＦＴと呼ばれ、売買されているのは「証明書」だ。


これまでは、無限に複製されるデジタルデータに「持ち主」を作ることなど不可能だった。

だけど、ＮＦＴによって、それが可能になった。

それによって一体どんな可能性が生まれるのか？

誰を助けることができるのか？

話はここからだ。

絵本作家の新しい収入源

ＮＦＴを取り扱う連中の多くは、無駄に横文字を使うから嫌だ。説明したいのか、ドヤりたいのか分かりゃしない。あんなヤツらは絶対にモテないのである。

一方、学者風情《ふぜい》の中年によるＮＦＴの説明は、長文すぎて目が死にそうだ。ＮＦＴが何か分からない上に、オマエにも興味がない中、画面をスクロールすること数十メートルの巻物地獄。そんなものに誰が付き合うものか。

使う目的がない英語を中高6年間学んだけど、覚えられなかっただろう？だけど、惚れた娘がアメリカ人なら、大急ぎで英語を覚えたハズだ。大切なのは一刻も早く「それを学ぶことによって何ができるようになるのか？」を示すことだ。

ＮＦＴの可能性を示すことだ。

特に**ＮＦＴの場合は「触ってみないと分からない」**。

とっとと触ることが大切だ。

覚えておいた方が良さそうな言葉は次の4つぐらい。

【OpenSea】【イーサ（ETH）】【仮想通貨取引所】【ウォレット】。

【OpenSea】というのは「NFTを売ってるデパート」のこと。

【イーサ】というのは、そのデパートで使える「お金」のこと。

【仮想通貨取引所】というのは「日本円をイーサに両替してくれる両替所」のこと。

【ウォレット】というのは、「イーサやNFTなどを入れるお財布」のこと。

取引所で日本円を「イーサ」に両替して、ウォレットに入れて、デパート（OpenSea）に行って、お好きなNFTを買い、買ったNFTはウォレットで保管。これだけの話。

さらに細かい話はググれば出てくるので、NFTの説明はここで終了。

さて。

本書のタイトルは『夢と金』である。

ここからは、**「ＮＦＴによって、これまで売れなかった何が売れるようになり、どれだけのお金が生まれたのか？」**をご紹介する。

僕は批評家じゃなくて、実践家なので、これからする話は、どこかで見聞きした話ではなくて、全て僕が体験した話だ。


現場では、こんなことが起きている。


僕が最初にＮＦＴを出したのは２０２１年７月。

この時は、オークション形式で、僕が描いた絵本『みにくいマルコ〜えんとつ町に咲いた花〜』の【ページオーナーのＮＦＴ】を３枠ほど出してみた。

さっそく聞き慣れない言葉だ。

【ページオーナーのＮＦＴ】というのは、「皆さんが読んでいる絵本の、このページのオーナーさんは○○さんですよ」を証明するＮＦＴのこと。

「ページスポンサー」と呼んだ方がいいのだろうか？

正式名称や、詳しい説明はググっても、辞書で引いても出てこない。

そんな概念は、地球誕生から今の今までなかったのだから。

絵本『みにくいマルコ～えんとつ町に咲いた花～』の「ページオーナー権」は3枠とも人気で、最終的には「14・2イーサ（ＥＴＨ）」で落札された。

当時の価格で「約４００万円」だ。

絵本は、全40ページ。

そのうちの3ページを「第一弾」として出したわけだが、そこに約４００万円の値がついた。

あと、37枠が残っている。計算すると、いくらだ？


通常、絵本作家の収入は「印税」のみ。

絵本の売り上げの約10％が作家印税として入ってくる。

絵本は「５０００部売れりゃヒット」と呼ばれる世界で、２０００円の絵本が５０００部売れれば、作者に入ってくるお金は「１００万円」ほど。

これまで絵本作家はずっと、このわずかな印税と、絞り出したサイドビジネスで食い繋いできた。


そんな中、**「ページオーナー権が売れる」という選択肢が生まれたのだ。**

しかも、場合によっては、「印税収入」よりも「ページオーナー収入」の方が高くなる可能性がある。

これで救えるチャンスがある。

これで守れる命がある。

もう少し絵本作家を続けられるかもしれないし、家族を養っていけるかもしれない。

だけど、現状、NFTで「ページオーナー権」を販売している絵本作家はほとんどいない。

何をやっている?
作品を守りたくないのか?
活動を続けたくないのか?
家族を守りたくないのか?
いいや、彼らは首を横に振るだろう。
じゃあ、なぜやらない?

「知らない」からだ。
どうせ言うのだろう?

「そんな方法があったなんて知らなかった」

嘘《うそ》をつけ。ＮＦＴの足音は聞こえていただろう。

知らなかったんじゃない。知ろうとしなかったんだ。

クラウドファンディングに10年遅れた歴史を、また繰り返す気か？

今度こそ向き合え。夢と金に。

ＮＦＴという
ラグジュアリー
商品

「母が無知だと病気になり、父が無知だと貧乏になる」という言葉がある。

この言葉を聞いて耳が痛いのなら、真理だ。

「貧乏」とは何か？

一言でまとめるのは難しいけど、無理矢理にでも一言でまとめるならば「選択肢がない状態」といったところか。

貧乏になると衣食住の選択肢が減り、貧乏になるとインプットの選択肢が減り、未来の選択肢が減る。

では、「なぜ、貧乏になるのか？」。

これもまた「選択肢」が問題で、厳密に言えば「お金を作る選択肢が少ないから」貧乏になる。


たとえば、芸人の世界は「ライブグッズの在庫問題」に長らく頭を悩ませている。

「ライブに合わせてオリジナルグッズを作ろうと思ってるんだけど、売れ残ったらどうしよう……」といったもの。

収益を上げるためにグッズを作るのに、在庫を大量に余らせて、赤字を作っている場合じゃないので、いつも「余裕を持って売り切れる数」しか作らない。

ただ、早々に売り切れたら、それはそれで機会損失で、「だったら、もっと作っておけば良かった……」と溜め息をこぼす。

こんなことをずっと続けている。

彼らにとってはグッズを作ること自体が「挑戦」や「博打《ばくち》」だ。

なので、時に勝負に負け、貧しくなる。

これこそ**「無知が招いた貧困」**と言える。


難しい話じゃない。

各グッズの損益分岐点（「〇〇個以上売れたら黒字」というライン）を出して、グッズごとにクラウドファンディングをおこない、予約販売すればいい。

グッズの受け渡しは会場だ。つまり会場で受け取れる人がターゲット。

クラウドファンディングには、目標金額に達しなくてもプロジェクトを遂行する**「All In 型」**と、目標金額に達しなければそれまで集まった支援金が全て自動返金となり、プロジェクト自体がキャンセルとなる**「All or Nothing 型」**がある。

クラウドファンディングの目標金額を、グッズの損益分岐点にして、「All or Nothing 型」でプロジェクトを立ち上げれば、ライブのグッズ制作はノーリスクだ。

目標金額に達しなければ作らなければいいし、目標金額に達したら作ればいい。ただ、それだけのこと。

クラウドファンディングをテストマーケティングに使える知識さえあれば、ライブのグッズ制作は「挑戦」でも「博打」でもなくなる。

ちなみに、**これは10年前の知識だ。**

ライブグッズ制作以外でも使える打ち手なんだから、いいかげん学校で教えてやれよ。

お金を作る選択肢が少ない人間は、「お金を作る選択肢の少なさ」に無自覚だ。

だから、少ない手札をやりくりして、もれなく貧しさに向かう。

「無知の知（不知の自覚）」とはよく言ったもんで、まずは、自分が知識を持ち合わせていないことを知ることが重要だ。

NFTも丁寧に設計すれば「お金づくり」に使える。

「ページオーナー」の件にしてもそう。これまで売れなかったモノが、NFTで売れることがある。

まずはそのことを知り、次に「やり方」を学ぶ。

キミがお金を集める時の選択肢に「NFT」を入れておいて損はないだろう。

さて。

絵本『みにくいマルコ～えんとつ町に咲いた花～』のページオーナーの第一

弾（全3枠）のＮＦＴは約４００万円で落札された。

すぐに第二弾の話が湧いたが、「ちょっと時間をください」と止めてもらった。

理由がある。

第一弾は結果的に高値で落札されたものの、ＮＦＴオークションに参加したプレイヤーが少なかったからだ。

これでは、すぐに息切れしてしまう。


この手のＮＦＴは、どう考えても「機能」を販売していない商品だ。

販売しているのは、「このページのオーナーなんだぜ、俺。えっへん！」という「意味」だろう?

この手のＮＦＴは「役には立たないけど、意味がある」というラグジュアリー商品そのものじゃないか。

ならば、**「参加者が少ない」はラグジュアリーの計算式に合わない。**

覚えているか？

ラグジュアリーの計算式は「［夢（ラグジュアリー）］＝［認知度］－［普及度］」だ。

「［認知度］－［普及度］」の値が小さいのに高値で売れたというのは、ラグジュアリーの売れ方じゃない。

そこには、「西野へのご祝儀」か「ＮＦＴバブル」といった何か別の要因が働いている。それでは再現性がない。

それもあって、２０２１年7月にページオーナーのＮＦＴを出した後、次に僕がＮＦＴを出すのは、２０２２年に入ってからだった。

もちろん、その間、何もしていなかったわけじゃない。

オンラインで一般の方向けにＮＦＴの勉強会を何度も繰り返し、全国を飛びまわってオフ会を繰り返し、「仮想通貨取引所」や「ウォレット」の登録のお手伝いをして、ＮＦＴをいつでも買えるスタンバイをしていただいた。

クラウドファンディングと同じで、NFTの最大のハードルも「ログイン」だ。

「イーサやウォレットを扱える人が自分のまわりにどれだけいるか?」が勝負の分かれ目となる。

ここを開拓しない限り、NFTは始まらない。

NFTは打出《うちで》の小槌《こづち》でもなければ、金のなる木でもない。

「○○×NFT」で何でもかんでも売れるわけじゃない。

「認知度ー普及度」の値を上げ、「皆が知っているけど、ほぼ誰も持っていない」という状態に持っていくことが重要だ。

買えない人を増やすためにコストをかけることが重要だ。

だけど、全国民に自分のNFTを知ってもらうことなんて不可能だろう?

だったら、何が必要だろう?

僕が知っている答えは一つだけ。

NFTを販売&運用していく上で外せないものがある。**「コミュニティー」**だ。

お金のような
「共同幻想」

NFTを販売&運用するには「コミュニティー」が必要だ。

そんなことより、さっきからNFTについて偉そうに語っている僕は何様だ？　ここに疑いがあると、話が頭に入ってこないと思うので、先に僕らのNFTの実績を紹介しておく。

・2021年7月に出した絵本『みにくいマルコ～えんとつ町に咲いた花～』（全3枠）は約400万円で落札（以降、イーサ［ETH］は価値の変動が激しいので販売当時の日本円価格で表記）。

・2022年8月に発表した『SHINZO』（ツイッターのプロフィール画像）は、販売価格が約2000円で、9000点以上を売り上げる。

・2022年8月から10月まで、毎日1点ずつオークションで出したゴミモンスターシリーズ『Poubelle』（ツイッターのプロフィール画像）は、落札平均価格が約85万円で54点全て落札。

・２０２２年10月31日に販売価格約２０００円で限定１万点を販売した『Halloween Poupelle』（ツイッターのプロフィール画像）は、販売開始から47秒で1万点が完売。**同時間帯のＮＦＴの取引量世界１位を獲得。**

・２０２２年11月にスタートしたＡＩアートシリーズ『CHIMNEY TOWN Landscape』は、販売価格が約２万円で毎日２点ずつ販売され、連日即完売を続けている。

他にもあるんだけど、全部書いたらキリがないので、このへんで。

まぁ、「現場で結果を出している人間が、その経験談を語っているよ」ということが伝わればＯＫです。というわけで自己紹介終わり。

ＮＦＴにおけるコミュニティーの必要性

さて本題。

ＮＦＴを販売＆運用していくには、なぜ、「コミュニティー」が必要なのか？

結論は「コミュニティーがないと価値が保てないから」なんだけど、それだけ言われてもよく分からないと思うので、丁寧に説明してみる。

これまで再三にわたって「付加価値として『意味』をのせろ」と偉そうに忠告してきたけど、一方で僕らは**「『機能』の価格は安定しているが、『意味』の価格は変動が激しい」**ということを、まずは心に留めておかなくちゃいけない。

信用を失う時は一瞬だ。

だからハイブランドは「ブランド価値」を守るために大きなコストを支払っ

ている。

NFTもそう。

多くのNFTには特典がついていたりするが（非公開グループの参加チケットなど）、やはり「機能」を販売しているとは言いがたい。

NFTが売っているのは「意味」だ。

「この絵が好き」や「この絵のイラストレーターを応援している」や「この絵を持っている俺、どう?」といった「意味」。

それだけに価値も変動しやすい。

これがNFTの厄介なところで、価値が変動しやすい商品（作品）は、「売ったら終わり」じゃないんだ。

売った商品の価値が暴落したが最後、キミの商品を買ってくれたキミのファンが「高値で買わされてしまった被害者」になる。

キミは、キミのことを応援してくれたファンをそんな目に遭わせたいか？
無理だろう。
となると**「売った商品の、その後の価値を守る活動」が必要になってくる。**
これが**「運用」**と呼んでいる部分。

「ん？　なんや？　ＮＦＴゆうのが流行《はや》っとるんか！　よし、ワシも時代の波に乗って、ＮＦＴやるでー！」と反撃の狼煙《のろし》を上げる田舎侍の多くは、ここの「運用コスト」のことがスッポリ抜け落ちてしまっている。

「運用」を放棄したＮＦＴは詐欺と変わらない。
実体のないものを売りつけて、「お金は返しません」ときた。
ＮＦＴを販売する人間には、自分が出したＮＦＴの価値を守り続ける責任がある。

はたして、ＮＦＴの価値はどうやって守られるのか？

ここで「コミュニティー」の話になる。

僕が子供の頃、「ビックリマン」（チョコレートについてくるオマケのシール）が大流行した。

敵味方に分かれて、いろんな戦士が登場するんだけど、どの戦士（シール）が当たるかは封を開けてみるまで分からない。

中でも人気は「キラ」と呼ばれる（※他の地方では別の呼び名だったのかな？）ホログラム加工がかかったキラキラのシールで、「ヘッドロココ」（イケメンの戦士）が出た日にゃ、校内中で噂《うわさ》になったもんだ。

「3組のアイツ、ヘッドロココを持ってるらしいで！」と。


たかだか数十円ほどで手に入るシールだが（当時は30円かな）、たった今、メルカリで見てみたら、状態の良い「ヘッドロココ」だと1万円を超えている。

「ビックリマン」を知らない人間からすると、ただのシールに校内中が揺れ、

1万円で売られる現象は奇妙で仕方ないだろう。

これが「コミュニティー」だ。

「ビックリマンコミュニティー」では、各シールの希少価値が共有されていて、「キラは滅多に出ない」「その中でも『ヘッドロココ』はさらに出ない」という世界が出来上がっている。

「『ヘッドロココ』を持っていたら、ドヤれる」ということも。

言ってしまえば「ノリ」だ。

難しい言葉でいえば「共同幻想」。

「ノリ」は一人で生み出すことはできない。

「ノリ」を生むにはある程度の〝規模〟が必要だ。

お金だってそうだろう?

アマゾン奥地の部族の村に一万円札を持っていったところで、何も買えない。

火種に使われて終わりだ。

一万円札は、「一万円札に1万円の価値があると信じているコミュニティー」の中でしか、1万円の働きをしない。

その後、コミュニティー外の人間が「1万円の働きをしている紙キレ」を見つけた時に、「どうやら、あの紙キレには価値があるらしいぞ」と興味を持ち、そうして**「ノリ（共同幻想）」は同心円状に広がっていく。**

「ノリ」を作るには、始まりとなるコミュニティーが必要だ。

僕らが出すNFTにも、母体として、（『SHINZO』のNFTを買えば参加できる）『CHIMNEY TOWN DAO』という1万人規模のコミュニティーがある。

そのコミュニティーの中で、「次にどんなNFTプロジェクトを仕掛けるのか？」「NFTの売上金は何に使うのか？」「流通量はどれぐらいにするのか？」を話し合い、NFTの誕生と育児の物語とその苦労を共有することで、思い入れが生まれ、結果としてNFTの価値が守られている。

裏は結構、泥臭いんだよ。

「デジタルババ抜き」になるNFT

同じ味、同じ量、その他の内容もまったく同じ条件のラーメンがあったとして、A店のラーメンが1杯700円で、B店のラーメンが1杯900円。

それを承知の上でキミがB店を選んだのなら、B店のラーメン料金の内訳は「機能700円＋意味200円」といったところだろう。


その商品の〝何が〟買われているのか？

「機能」が買われているのか？　はたまた「意味」が買われているのか？

「意味」は「意味」でも、「『B店で食べた』というブランドに払ったお金」なのか、あるいは「B店の応援に払ったお金」なのか。

商品を見定める時は、このあたりに注目するといい。


「機能」には相場があるが、「意味」には相場はないので、「意味」が大きく絡む商品の価格は〝ブレ〟が大きい。

それだけに僕らは「意味」というものを深く理解し、丁寧に取り扱う必要がある。

ライブ運営界隈で昔から語られている有名な話がある。

「ライブTシャツはオシャレにすると売れない」という話だ。

人生で初めてライブをすることになり、人生で初めて「グッズ会議」に参加するアーティストは、決まって「オシャレなライブTシャツ」を作ろうとする。

「アーティスト名を極力目立たないようにして、普段着として使えるデザインにしましょう」と。

本人はファンに気をきかせたつもりだが、どっこい、「〝普段着使い〟できてしまうTシャツ」は売れない。

ライブで売れるのは、胸にアーティスト名がデカデカとプリントされた〝恥ずかしいデザインのTシャツ〟だ。

「オシャレなTシャツ」と「恥ずかしいTシャツ」の二択なら、「オシャレなTシャツ」が選ばれてもおかしくなさそうだが、そうはいかない。

カラクリはこうだ。

いくらファンとはいえ、普段着用のオシャレなTシャツが欲しかったら、お気に入りのブランドのTシャツを買うだろう。

ファンがアーティストのライブTシャツを買う理由は、「私はこのアーティストを推しています！」という「意思表示」だ。

となると、胸にデカデカと名前をプリントしてもらわないと困る。

そして、胸にデカデカとプリントされた名前を見た人から、「え？　あなたも、〇〇さんのライブ行ったの？」と声をかけられる。

ファンにとってのライブTシャツは「ファッションアイテム」ではなくて、「意思表示」であり「コミュニケーションツール」だ。

胸にデカデカとプリントされたアーティストの名前を消してしまうと、そのTシャツは「ファッションアイテム」になり、「意思表示」「コミュニケーションツール」を求めているファンにとっては不要のものとなる。

「その商品の意味を履き違えちゃダメだよ」という話。

NFTもそう。

「絵が上手ければ売れる」というものではない。

とりわけ、SNSのプロフィール画像に使われるNFTは「ライブTシャツ」と同じように、「コミュニケーションツール」としてのニーズがほとんどだ。

単純なドット絵のNFTに、時に数百万円〜数千万円の価値がつく理由はそこ。ドット絵のNFTをツイッターのプロフィール画像に使っているだけで、普段繋がれないような人と繋がったりもする。

そのドット絵の価値を知っているコミュニティーにドヤることもできる。

SNSのプロフィール画像の価値のほとんどが、そういった「コミュニケーションツール」だということを知らない限り、……つまり、「画力」だけでNFTの価値を測ってしまっている限り、ドット絵に数百万円〜数千万円の価値がつく理由は理解できない。

「あんな絵に数百万円も払わされて、騙《だま》されてやがる（笑）」という冷笑まじりのツッコミは、アーティストの名前がデカデカとプリントされたTシャツを着たファンを見て、「あんなTシャツを買っても、普段着れないのに、バカみたい（笑）」と言っているようなものだ。分かってないのはオマエだ。

NFTのリスク

ただ、僕は、SNSのプロフィール画像のNFTを販売&運用するプレイヤーの活動の全てに、手放しで賛成するつもりはない。

ここではNFTのリスクについてもキチンと話しておきたい。

SNSのプロフィール画像のNFTで買われているのは**「機能」**ではない。

買われているのは、**「意味」**だ。

値段の内訳の全てが、「意味」と言っても過言じゃない。

それだけに、取り扱い方を間違ってはいけない。

価値が安定している「機能」に比べて、「意味」の価値は変動しやすい。

別の言い方をすると「意味」の価値はコントロールしやすい。

当然、ここに目をつける輩がいる。

短期的に利益を得ようとする**「投機筋」**だ。

投機筋が増え始めると、NFTは、いとも簡単に投機商品に成り下がる。

投機筋は、目をつけたNFTの将来性を煽り、値を吊り上げ、自分は売り抜けて、一丁上がり。
だけど、価値が未来永劫《えいごう》右肩上がりを続ける商品などない。
無理矢理吊り上げた価値は必ず暴落する。
そして暴落のタイミングで、そのＮＦＴを掴まされた人間が負債を抱えることになる。
50万円で購入したＮＦＴが翌日にゼロ円になることもある。
投機商品に成り下がったＮＦＴは「デジタルババ抜き」だ。
これらのＮＦＴの利益は、将来、誰かが抱える負債の上に成り立っている。

クダラナイのは、自分の出したＮＦＴが、そういった「デジタルババ抜き」になっていることを把握しているにもかかわらず、いずれやってくる暴落については「自己責任」と切り捨てている一部のプレイヤーだ。
投機筋が参入するとＮＦＴの価格がグンと上がるもんだから、「ようこそいらっしゃいました」といった調子だ。

水を差すようで申し訳ないが、ＮＦＴ業界には、こういったプレイヤーが少なくない。なので、そこは注意した方がいい。

「投資価値」を煽るＮＦＴには手を出しちゃダメだ。

そもそも、ＮＦＴという可能性を、そんなチンケなマネーゲームで終わらせてもいいのか？

ＮＦＴは、誰かを犠牲にしないと目的地に辿り着けないような、そんなクダラナイ乗り物なのか？

いいや。

ＮＦＴという手段は、もっと面白い未来を迎えることができる。

僕らがＮＦＴで仕掛けた二つの実験を紹介しよう。

AI×NFTで活動資金を作る

ＮＦＴのオンライン勉強会の特典として、勉強会の参加者（１９３８名）に、『SHINZO』のＮＦＴを無料でプレゼントしたことがあった。

ところが、無料配布した『SHINZO』を売りに出す人が現れて、市場価値がみるみる上がり、気がつけば無料配布した『SHINZO』が数万円で売買されるようになっていた。

そこで、世の中に「１９３８点」しか出回っていなかった『SHINZO』のＮＦＴを数量無制限で販売し、いつでも買えるようにしてみた。

一つ、約２０００円で（笑）。

いつでも２０００円で買えるので、先に市場に出回っている数万円の『SHINZO』を買う必要はない。

おかげで、市場に出回っていた『SHINZO』も順当に値段が下がり、まもなく約２０００円に落ち着いた。

面白くなかったのは、『SHINZO』を投機商品にしようとしていた投機筋だ。

だけど、ＮＦＴという革命をアホの投機筋のマネーゲームで終わらせてしまうのは、あまりにももったいないじゃない？

というわけでちょっとイタズラをしてみた。

もちろん、ハナから「数量限定」と打ち出しているＮＦＴでそんなコトをやる（追加販売で価値を下げる）つもりはないので、ご安心を。


さて。

ＮＦＴにはどんな可能性が眠っているのか？

僕らはＮＦＴによって、これまでできなかった「何」ができるようになるのか？

ググれば出てくる情報を紹介しても仕方がない。

ここでは、僕らが仕掛けたＮＦＴプロジェクトのうち、手応えを感じている（確かな反応があった）プロジェクトを２つ紹介させていただこう。

CHIMNEY TOWN Landscape

一つ目は『CHIMNEY TOWN Landscape』だ。

2022年は「AIアート元年」だった。

これまでＡＩが描く絵は「まぁ、ロボットの限界って、このへんだよねぇ」というお粗末な仕上がりだったが、テキストから画像を作成する人工知能プログラム「Midjorney」の登場で世界は一変した。

ＡＩがわずか数秒で描き上げる「コンセプトアート」のクオリティーは、人間の技を遥《はる》かに凌駕《りょうが》し、コンセプトアートを描く絵師の多くは職を失った。

ニュース記事やブログなどに貼り付ける「イメージ画像」は、これまで画像検索で探し、時に画像を購入していたが、もはやその必要はない。

イメージ画像は「検索」ではなく、ＡＩに「生成」してもらえば良い。
僕らの生活から「検索」というものが削られる未来を誰が予想しただろうか？
２０２２年は、アートに限らず、音楽、文章……など、ＡＩが覚醒《かくせい》した１年だった。

オンラインサロン『西野亮廣エンタメ研究所』でも、２０２２年の夏は「ＡＩアート」の話題で持ちきりだった。
僕ら（サロンメンバー）は、テキスト（言葉）を入力すれば、そのテキストに合わせてイラストを生成するＡＩアートの特性を逆手にとって、まずはＡＩに【えんとつ町】を学習させることにした。

「スチームパンク、たくさんの煙突、黒い煙、えんとつ町」
「積み重なった町、昭和レトロ、煙、えんとつ町」

AI（Midjourney）で作った【えんとつ町】

「コンビナート、渋谷、煙突、えんとつ町」

こんな感じで、【えんとつ町】のイラストを生成する際に、必ず「えんとつ町」というワードを入力し、ＡＩに「『えんとつ町』は、こんな感じの町」を学習させた。

その甲斐あって、最後には「えんとつ町」という一単語を指示するだけで、ＡＩが【えんとつ町】を描くようになった。

「ＡＩをハックしよう」という悪フザケで始めた遊びだったけど、ＡＩにアレやコレやと学習させているうちに、ＡＩにも得意不得意があることが分かってきた。

「キャラクター」を描かせると、まだまだブレがある（思っていたのと違う絵が上がってくる）んだけど、「背景」を描かせるとお見事。コチラが欲しいイラストをドンピシャで上げてきてくれる。

たとえば「クレイアニメ風の『えんとつ町』」と指示を出せば、クレイアニメ風の【えんとつ町】を100パターン、1000パターンと、すぐに上げてきてくれる。

そのAIの飛び抜けた才能とNFTを絡めたプロジェクトが『CHIMNEY TOWN Landscape』だ。

そのプロジェクトでは、AIに描かせたSNSのプロフィール画像ではなくて、ツイッターのヘッダー（背景）画像にターゲットを絞った。プロフィールの背景にある横長のイラストだ。

世界中のNFTプレイヤーがプロフィール画像の椅子取りゲームを続ける中、あそこ（プロフィールの背景）がガラ空きだったので、狙ってみた。

ポイントは「［夢］＝［認知度］－［普及度］」だ。

『CHIMNEY TOWN Landscape』の一例

#0097

#0066

#0008

イラスト制作：Azu

ＡＩのお仕事なので、１日に何百点だって何千点だって生成&販売することができるが、１日の販売数は「限定２点」とした。販売価格は約２万円。

『CHIMNEY TOWN Landscape』では、今日もＡＩによって新作ＮＦＴが２点ずつ発表され、（抽選で当たった人に）毎日買われ続けている。

そこで買われた『CHIMNEY TOWN Landscape』のＮＦＴが、５万円ほどで転売されることもある。

これ以上、転売価格が上がるなら、また販売点数を考えるけれど、今のところは様子を見ている状態だ。

ちなみに、OpenSea（ＮＦＴのデパートみたいなトコロ）で転売されたＮＦＴの売り上げの10%は、クリエイター（この場合だと僕ら）に入るようになっている。**クリエイターが転売を歓迎できるこの仕組みも、ＮＦＴの魅力だ。**

『CHIMNEY TOWN Landscape』の売り上げは、エンタメの制作費か、子供支援に全額使われている。

つまり、活動資金をＡＩに稼いでもらっている形だ。おかげで僕たちは活動に集中することができる。

夢を追いかけるには活動資金が必要だ。

困っている人を助けるにも活動資金が必要だ。

その活動資金の作り方の一つに「ＡＩ×ＮＦＴ」がある。

全ての人間が「ＡＩ×ＮＦＴ」で活動資金を作れるとは限らないが、**条件さえ揃えば「ＡＩ×ＮＦＴ」で活動資金を作ることができる。**

ならば、知らないより知っておいた方がいいだろう。

困っている人に手を差し伸べる強さとは、こういった選択肢の積み重ねにある。

人を助けるためのお金を集めるツール

もう何年も、『西野亮廣エンタメ研究所』という数万人のコミュニティー（オンラインサロン）を運営している。

そこでは僕が毎朝2000〜3000字の記事を投稿して、その記事に対して、サロンメンバーがコメントを書いている。

僕は全てのコメントに目を通しているんだけど、さすがにこの数だ。「いいね」をつけるのが精一杯で、「返信」まではできない。

皆は、そんなことは百も承知で、それでも毎日コメントを書く。

そこに並んでいるのは「記事の感想」というよりも、今日1日を生きる自分に言い聞かせているような言葉で、だからチクチクと突き刺さる。

そこには、豪雨災害で店を流された者の声もあれば、新型コロナで職を奪われた者の声もあれば、我が子の莫大《ばくだい》な治療費を払えずに涙している親の声もある。

追い込まれたメンバーの声を拾い、サロン全体で共有し、皆で助けに向かうことは珍しくない。

熊本豪雨で店を流されたサロンメンバーのためにクラウドファンディングを立ち上げ、支援を募ったこともあった。

新型コロナで売り上げが激減したメンバーのために、サロンメンバーの飲食店のマップを作り、皆で出前を取り合ったこともあった。

やれることは全てやる。それは決めている。

だけど、それでも、助け切れないことがある。

頼りになる人間が僕しか残っていないのに、それでも助け切れないことがある。

僕が弱いからだ。

僕に「知識」がないからだ。僕に「助ける選択肢」が少ないからだ。

オンラインサロンを運営し、メンバーと距離を縮めると、そんな思いの繰り返しだ。

きっとキミにも、目の前で救いを求めている人がいるのに、手も足も出ない日がやってくるだろう。

自分の非力を嘆き、謝ることしかできない無様《ぶざま》な時間だ。

できれば迎えたくないよな？

ならば、可能性を探れ。

知らないものに自分から近寄り、仮説・検証・実験を繰り返し、夢や、人を助けるために必要なお金を集める手段を探せ。


そろそろ、この本もまとめに入ろうと思う。

その前に、**僕が最近見つけた「人助けの手段」をキミに共有する。**

これは僕だけが切れる手札などではなく、丁寧にカスタマイズすれば、キミや、キミのまわりの人間も切ることができる手札だ。

ＮＦＴの一つの可能性だ。

優しいNFT

サービス提供者として、そして一人のお客さんとしてNFTを触っていると、**NFTのニーズが「購入履歴」にある**ことが分かってくる。

自分の購入したNFTが、自分のウォレット（誰でも見ることができる財布）に入っているので、「自分がどんなモノにお金を出した人間なのか？」が不特定多数の人間にアナウンスされるわけだ。

「お金の使い方に人格が出る」というが、NFTのウォレットはアイデンティティそのものだ。

他人のウォレットの中身を覗《のぞ》いては「この人のお金の使い方、イケてるなあ」と思う人もいれば、他人から覗かれることを逆手にとって、購入したNF

Tのラインナップ（お金の使い方）で「イケている人」を演出する人もいる。

おかげで、ＮＦＴのウォレットは、洋服や時計や車といったファッションアイテムに近い役割を果たしている。

ポイントは「自分からアピールしているわけじゃないんだけど、自分のお金の使い方が皆にバレる」という点。

このことは後半に出てくるから覚えておいて。


さて。

このＮＦＴの「ウォレット（購入履歴）が皆に見られる」という特性を活かして、何か面白いことができないものか？

困っている人を助けられないものか？

そこから考えて、立ち上げたプロジェクトが『CHIMNEY TOWN GIFT』だ。

一体、どんなものか？

まずは、キャバクラに行く社長をイメージして欲しい。

当然、彼らは目の前の女の子に好かれようとする。

タレントであれば「有名」であることが「仕事の成果」として見れるが、「社長の仕事の成果」は目で確認することができない。


社長は、お目当ての女の子に「自分がいかに優秀な人間か」をアピールしたいところだけれど、自分で自分の優秀さを語るのは野暮だ。

となると自分の優秀さを代わりに伝えてくれる誰か（何か）が必要になってくる。

そこで働いてくれるのが「高級腕時計」だ。

社長にとっての高級腕時計は、時間を確認する道具ではない。

社長にとっての高級腕時計は、「こんな立派な時計をしているということは、立派な仕事をされている方なんですよ」ということを、目当ての女の子に伝えてくれる代弁者だ。

スマホを開いて、「愛車」や「別荘」などの画像を、お目当ての女の子に見せる社長もいるだろう。

愛車や別荘もまた「こんな立派な愛車や別荘を持っているということは、立派な仕事をされている方なんですよ」ということを、目当ての女の子に伝えてくれる代弁者だ。

大阪・ミナミの中小企業の社長になると、「売れない若手芸人」をキャバクラに連れて行くことも珍しくない。

そこでの「売れない若手芸人」の仕事は一つ。

「社長の魅力を女の子にアナウンスすること」だ。

良し悪しはさておき、〝自分の魅力を自分の代わりにアピールしてくれる代弁者〟のニーズは確実にある。

それが、「高級腕時計」であり、「愛車」や「別荘」であり、「売れない若手芸人」である。

次に、僕のカッコ悪い話だ。

僕は寄付や支援をするのが結構好きで、子供支援や被災地支援を続けている。後発開発途上国ラオスの村に小学校を建設（寄付）したこともあった。
もちろん自分が好きでやっていることなので「リターン」を求めてはいない。
ただ、時々、メディアで「西野さんは過去にラオスに小学校を寄付したことがあるそうですね」と紹介されると、ちょっと喜んでいる自分がいる。

その時は、「まぁ、大人として当たり前のことをしたまでですよ」的な涼しい顔を見せているが、内心は、「この話題、もうちょっと引っ張ってもらえないかなぁ」と思っていたりする。

というのも、基本的には、自分が支援をしたことは、自分の口で「支援しました」と発信しない限り誰にも知られないからだ。

自分の下心にはほとほと呆《あき》れるが、まぁ、人間なんてそんなもんだろ。

僕自身が寄付や支援をよくするので、寄付や支援をする人間の気持ちはよくよく分かっている。

彼らの本音は「心から寄付・支援をしているのでリターンは本当に要らないけれど……、だけど、寄付・支援をしたことが、誰かに見つかったら（その噂がまわったら）、ちょっぴり嬉しい」だ。

キャバクラに通う社長にしても、寄付・支援活動に励む西野にしても、それなりに下心がある。

そして、それは一時の流行りなどではなく、人間が大昔から、そして、この先も持ち続ける下心なのだろう。

ならば、その下心を満足させる商品を作れば、その商品は普遍的なものとなる。

そこで、【支援したことを証明するNFT】を作ってみた。

それが『CHIMNEY TOWN GIFT』だ。

サービスの建て付けは、いたってシンプルだ。

まずは、絵本の寄贈を募集している国内外の子供施設を見つけ、コンタクトをとる。そして、施設の子供達の人数を確認。

「子供施設A＝53名」「子供施設B＝37名」といった感じで。

次に、【施設Aの53名の子供達に絵本を贈れる権】【施設Bの37名の子供達に絵本を贈れる権】をオンラインショップで（日本円で）販売する。

『CHIMNEY TOWN GIFT』のメダルデザイン

※支援した冊数によって、メダルの色が違う

販売価格は「[子供の人数]×[絵本代]」だ。

そして、購入者（支援者）のウォレットに「施設Aの53名の子供達に絵本を贈ったこと」を証明するNFTを送る。

「西暦」と「施設名」と「贈った絵本の冊数」が刻印された「記念メダル型」のNFTだ。

購入者（支援者）が、ウォレットをお持ちでない場合は、スマホの中にウォレットを入れるまでのサポートもさせていただく。

このNFTには一つだけ細工を施している。

NFTなのに転売することができないのだ。

つまり、購入者のウォレットには未来永劫「施設Aの53名の子供達に絵本を贈った」という情報が残り続ける。

不特定多数が閲覧することができるウォレットに「支援履歴」が残るわけだ。

おかげで、自分の口で寄付・支援したことを発信しなくても、自分が支援したという履歴が見つかる。

「ウォレットの覗き合い」が今よりさらにカジュアルになると、「高級腕時計」や「愛車」や「別荘」よりも、「支援履歴」の方が遥かに仕事をしてくれるだろう。

動機は何だっていい。

大切なのは、困っている人が救われることだ。

大切なのは、SOSに反応できる仕組みだ。

2022年12月にスタートした『CHIMNEY TOWN GIFT』では、これまでに31施設2627名の子供達に絵本が贈られた。(2023年3月15日現在)

そして今日も、絵本を待っている子供達とコンタクトをとり、NFTという手段を使って、支援のマッチングをおこなっている。

ＮＦＴにおける具体的な仮説・検証

この話には続きがある。まだ説明していないことが2つある。
1つ目は「なぜ、ＮＦＴを日本円で販売したのか？」。
2つ目は「なぜ、ＮＦＴを『メダル型』にしたのか？」。
どちらも大切な話だ。

まず、「なぜ、ＮＦＴを日本円で販売したのか？」という点について。
通常、ＮＦＴの売買には「イーサ（ＥＴＨ）」が使われる。
ところが、『CHIMNEY TOWN GIFT』は「日本円」で販売している。

オンラインショップで、子供施設への絵本支援を募り（子供施設に絵本を贈れる権を販売し）、支援（購入）してくださった方のウォレットに「記念メダル型」のNFTを手作業でお送りするわけだから、運用側としては、「日本円」で販売することで、かなり手間が増えるのだが、それでも「日本円」で販売している。

理由は、「日本円」の価値が安定しているからだ。

「3年前に『10万円分』の寄付をしたのに、今だと、『5000円分』の価値になっている」となると具合が悪い。

「日本円」だと価値の変動が少ないので、支援額が目減りすることがない。

なので、『CHIMNEY TOWN GIFT』では「日本円」で販売し、そして、メダルに「贈った絵本の冊数」を刻印している。

もっとも「支援当時の価値」を表すだけならば、「贈った絵本の冊数」の刻印だけでも本来は間に合っている。

だけど、理屈ウンヌンではなく、「20万円を支援した」と「1イーサを支援した」とでは、それぞれ聞いた時の印象は違ってくるので、〝今は〟日本円で販売している。

これも続けていくうちに、またやり方が変わってくるかもしれないが、いずれにせよ狙いとしては「支援した当時の価値を分かりやすくするため」だ。


次に「なぜ、ＮＦＴを『メダル型』にしたのか？」について。


たとえば、キミが無類のスポーツカー好きで、ミニカーの「トミカ」のフェラーリを買って、自分の部屋の棚に並べたとする。

またある時に「トミカ」のランボルギーニを買って、フェラーリの隣に並べてみる。

またある時に「トミカ」のポルシェを買って、ランボルギーニの隣に並べてみる。

ある時、フラッと立ち寄ったおもちゃ屋で、「トミカ」とは別のメーカーの、まったくサイズの違うスカイラインGTのミニカーを売っていても、どういうわけか、あまり購買意欲がそそられない。

その頃のキミは、自分の部屋の棚も「トミカ」シリーズ（同じ規格）で揃えたくなっているからだ。

別メーカーのスポーツカーを買わなかった癖に、キミは、もともと興味がなかったハズの「トミカ」のトラックは買ってしまう。

「欲しいものを手に入れたい」という欲よりも「シリーズで揃えたい」という欲が勝った瞬間だ。

この感情には心当たりがあるだろう？

これが収集癖の正体だ。

『CHIMNEY TOWN GIFT』を「メダル型」のNFTにしたのは、絵本支援に限らず、障がい者支援、高齢者支援など、「支援系NFT」の規格をメダルに統一することで、「メダルを集めたい」という欲（収集癖）の力を借りて、これまで自分が目を向けていなかった〝弱い人〟の存在に目を向けてもらい、手を伸ばしてもらうためだ。

「障がい者支援なんてしたことなかったけど、メダルNFTを集めているから、支援してみる」というもの。キッカケはそれでいい。

知らないと、興味を持たないのだから。

なので、『CHIMNEY TOWN GIFT』のメダルNFTのデザインに権利などない。

今は、「御神木を守る保護費用を支援したことを証明するNFT」のプロジェクトが立ち上がっている。

それも『CHIMNEY TOWN GIFT』のメダルのデザインに寄せた「メダル

型のＮＦＴ」だ。

メダルを集めることが動機で、御神木が救われたらいい。

そうして支援の輪が広がっていけばいい。


今日もどこかで助けを待っている人がいる。

気持ちだけではどうすることもできない。

「お金」が必要だ。「お金を作る手段」が必要だ。

少なくとも**今、僕らのまわりでは、ＮＦＴが「人を助けるために必要なお金を集めるツール」として使われている。**

「知る」ことで救える人がいる。

僕自身、ＮＦＴに関しては、まだまだ分からないことだらけだ。

だから今日も手探りで仮説・検証と、たくさんの失敗を繰り返して、可能性を探している。助けたい人がいるからだ。

キミはどうだ？

時代を
正しく把握しろ

2022年に起きたAIの大波は、僕らが思い描いていた未来を大きく変えた。この事実を受け止め、時代の輪郭を正しく捉え、**「何がお金にならなくなるのか」を把握しておいた方がいい。**

ここ数年、多くのビジネスパーソンが「ロボット（AI）に代替される仕事・されない仕事」について論争を繰り広げてきた。

結論は概《おおむ》ね、「繰り返し仕事（定型業務）はAIに代替されやすいよね」といったところだろう。

たとえば、「販売員」は「AIに代替されやすい仕事」だと言われてきた。たしかに「無人コンビニ」なんて話も聞くし、セルフレジも見かけるようになった。

ただ、近所の小売店を見てみると、「どの店の商品も、機能は素晴らしいし、値段に違いはない。となると『機能』で差別化を図れないんだから、販売員にファンをつけていくしかないよね」という属人的な方向（顧客のファン化）に舵を切っている。

「機能」がコモディティ化した2023年現在、小売店は「誰から買うか？（機能検索から人検索）」という競争を始めていて、**AIに代替されるどころか、「人じゃなきゃダメ」になっている。**（※詳しくは『ゴミ人間〜日本中から笑われた夢がある〜』でご確認ください）

さらに面白いのは、長らく「AIに代替されにくい仕事」に分類されていた「美術家」や「デザイナー」だ。

僕のオンラインサロン（西野亮廣エンタメ研究所）と、NFTに特化したコミュニティー（CHIMNEY TOWN DAO）のメンバーが仕掛けている『バンドザウルス』というプロジェクトがある。

ここでは皆が、〝ありもしない「恐竜バンド」〟のアーティスト写真をAIで生成して、『バンドザウルス』の公式Instagramに毎日1点ずつアップしている。

『バンドザウルス』のInstagram

BAND SAURUS（@band_saurus）

バンドザウルス・ミニ

バンドザウルスNFTオークションサイトより

PECO/ by Kuria

LALA/ by Takenoko

LILY/ by Nemoto

ACHICHI/ by Hinotorihomura

GABURI/ by Azu

AIBO/ by Machio

元来、アーティスト写真は〝撮らなければいけなかった〟が、『バンドザウルス』のアーティスト写真は、お客さんが〝生成〟している。

これにより、スタジオを押さえるコストも、カメラマンさんや、衣装さんや、メイクさんの人件費もかからなくなった。

Instagramにアップするだけで終わりじゃない。

『バンドザウルス』は「企業案件」でキチンとお金を生んでいる。

たとえば、歯医者さんから宣伝の依頼があれば、「歯医者さんに行っている恐竜（デンタルザウルス）」の写真をＡＩで生成して、Instagramにアップ。

厳密に言うと、先に、「歯医者さんに行っている恐竜」の写真をＡＩで生成して、歯医者さんに「企業案件」として販売している。

立派なインスタグラマーだ。

デンタルザウルス：浅井歯科の場合

それだけじゃない。

バンドザウルスはＮＦＴプロジェクトも手掛けていて、毎日1点ずつバンドザウルスのＮＦＴ（ミニザウルス）が出品され、オークションにかけられている。

落札平均価格は（日本円にして）15万円といったところ。

毎日のことだから、年間売り上げはバカにならない。

そして、このＮＦＴもまた「お客さん」がＡＩで生成している。


ついでに言うと、バンドザウルスは『Plus Sustaina（プルス・サステナ）』というアパレルブランドも手掛けている。

デザイナーはもちろん、お客さんだ。


『バンドザウルス』のビジュアルを作っているのは美術家ではなく「ＡＩを使った一般人」であり、『プルス・サステナ』の洋服をデザインしているのは、

『プルス・サステナ』のInstagram

Plus Sustaina（@plussustaina）

デザイナーではなく「ＡＩを使った一般人」。

そして、すでに、そこに熱狂が生まれていて、お金が生まれている。

気がつきゃ**「クラウドメイキング時代」**だ。

こんな未来を誰が予測した？


事実、僕が働いている業界でも「コンセプトアートは人じゃなくて、ＡＩに任せれば良くね？」という声がよく聞こえてくる。

「クリエイティブな仕事は非定型業務だから、ＡＩは脅威じゃない」とタカをくくっていたら、とんでもない。

「ビジュアル創造は、人間にとっては非定型業務かもしれないが、その内容は『これまで見てきたモノの編集作業』であるから、**実はＡＩの超得意領域だった**」というのが２０２３年現在の中間報告だ。

２０２２年まで人間はＡＩを見くびっていた。

たった数ヶ月で塗り替えられた未来

少しググれば、「Web 1」「Web 2」「Web 3」という言葉が出てくるだろう。インターネットの各時代の呼び名だ。

つい最近まで、「Web 1」「Web 2」「Web 3」の認識はこうだった。

【Web 1】

お客さんが、サーバー（メディアや法人）にある読み取り専用ページを閲覧した時代。データの作成は、主にサーバーの管理者。

【Web 2】

お客さんが、サーバー（YouTube、Twitter、Facebook、LINE、Instagramなど）を介して、他のお客さんとやりとりできる時代。

お客さんが、データを作成・発信することができるようになった。

【Web 3】

サーバーを介さず、お客さん同士が直接繋がって、お客さん同士でデータ（NFTなど）を共有・管理する時代。

サーバーの支配から解放された。

ところが、ここにきてAIがバケモノ的に進化し、「Web 1」「Web 2」「Web 3」の捉え方が変わった。これだ。

【Web 1】

お客さんが、サーバー（メディアや法人）にある読み取り専用ページを閲覧した時代。データの作成は、主にサーバーの管理者。

つい最近までの考えられていた「Web1」「Web2」「Web3」

Web1

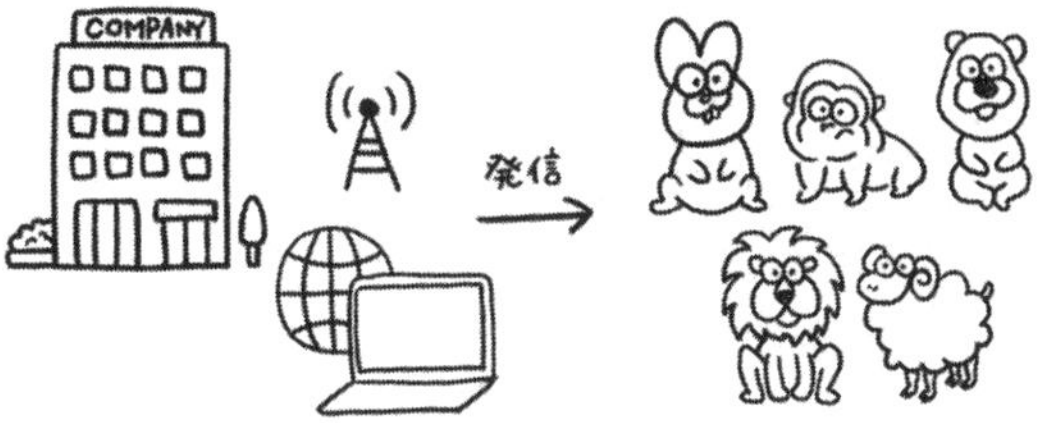

メディアや企業が一般人に向けて発信

Web2

SNSで個々がデータを作成／発信

Web3

サーバーを介さず、お客さん同士がつながる

しかし・・・

【Web 2】

お客さんが、サーバー（YouTube、Twitter、Facebook、LINE、Instagramなど）を介して、他のお客さんとやりとりできる時代。

お客さんが、データを作成・発信することができるようになった。

【新 Web 3】

ＡＩによってクリエイティブスキルが低い人でも、ハイクオリティーの作品を生成・発信できるようになった時代。

あらゆる「職人技術」が無価値化した。

【Web 4以降～】

サーバーを介さず、お客さん同士が直接繋がって、お客さん同士でデータ（ＮＦＴなど）を共有・管理する時代。

サーバーの支配から解放された。

リアルにやってきた世界

Web1
COMPANY
発信
メディアや企業が一般人に向けて発信
Web2
SNSで個々がデータを作成/発信
2022年
AIのビッグバン
新Web3
AI
AIによって職人技術が無価値化
Web4～
サーバーを介さず、お客さん同士がつながる

新Web 3（現代）は「生成系AIの時代」であり、「Web 2の次にくる」と思われていた時代は、Web 4以降に持ち越された。

僕らが思い描いていた未来の輪郭、そして「時代の整理」は、2022年に起きたAIの大波によって、綺麗サッパリ塗り替えられてしまったようだ。

このあたりの認識がズレると、「クリエイティブな仕事はAIには代替されないから、クリエイターになる」というトンチンカンな結論を出してしまいかねないので気をつけておいた方がいい。

1日でも早く学び、1日でも早く勝て

さて。この本もそろそろ終わる。

最後に、とても大切なことを伝えておく。

耳の痛い話かもしれない。ただ、耳の痛い話は大体真実だ。

いいか？

20代で生まれた差は、一生埋まらない。

30代は、20代で勝った者同士で手を組み、20代で負けた者同士で手を組むことになる。

40代は、30代で勝った者同士で手を組み、30代で負けた者同士で手を組むことになる。

当然、「与えられるチャンス」「使える人脈」、そして「使えるお金」には差が生まれる一方だ。

「格差が生まれる理由」を簡単に説明してくれる有名なゲームがある。

ルールはこんな感じ。

・参加者のスタート時の所持金は1000円。
・コイントスの表と裏でお金を賭ける。
・賭けられるお金は自分の所持金の20パーセント。
・勝てば、賭けた分を相手からブン取れる。

非常にシンプルなゲームだ。

僕とキミでこのゲームをしてみよう。

互いに賭けられる金額は〝1000円の20パーセント〟だから「200円」。

そこで僕が勝てば、僕の所持金は「1200円」で、キミの所持金は「800円」になる。

次にキミが僕（あるいは一回戦で勝った人）にリベンジを申し込んだとする。

キミが賭けられるお金は〝800円の20パーセント〟だから「160円」で、僕が賭けられるお金は〝1200円の20パーセント〟だから「240円」。

そこで今度はキミが勝ったとする。

そうすると、キミの所持金は960円で、僕の所持金は1040円になる。

どうだ？

一勝一敗（勝率5割）なのに、格差が生まれている。

このゲームを何度も何度も繰り返すと、勝率5割なのに、徐々に格差が拡がっていく。

これは**「お金」だけの話じゃない。「人脈」も「チャンス」もそうだ。**

世界は〝最初に勝った人間〟を贔屓し、〝最初から持っている人間〟を贔屓する。学校じゃ教えてくれないけど、これが世界の理だ。

後から取り返せると思うな。

1日でも早く学べ。

人生の努力量を「100」とするなら、その「100」は均等に振り分けるのではなく、**人生の前半戦に努力を集中投下し、初戦をとれ。**

近くに子供がいるなら、このことを教えてあげて欲しい。

あとがき　～夢と金～

キミのまわりには、「ドリームキラー」がいる。

キミの夢を阻《はば》む人間のことだ。

ドリームキラーは、キミのことを妬《ねた》んでいたり、恨んでいたりする人間だけではなく、キミのことを愛しているキミの友人やキミの家族であるケースが少なくない。「あなたのことを想って言っているの」というアレ。

キミの挑戦にブレーキをかける人間は次の4種類。

①キミの邪魔をしたくて「やめておけ」と言う人
②よく分からないから「やめておけ」と言う人
③過去の経験から「やめておけ」と言う人
④現在の経験から「やめておけ」と言う人

このうち、「ドリームキラー」は①〜③だ。
③は過去に実績を残した人間なので少し厄介だけど、その人が正しい判断ができるのであれば、今も現役プレイヤーでいるハズだ。
①〜③は感情や憶測で「やめておけ」と言い、④は現在のデータから「やめておけ」と言っている。
なので、①〜③の言い分は無視しても構わないが、④のアドバイスは聞いておいた方が良さそうだ。

現役プレイヤーの「そこを掘っても水は出ないよ。やめておけ」というアドバイスは、感情に任せて言っているわけではなく、数十年前のデータをもとに言っているわけでもなく、ついさっき自分がそこを掘ってみて水が出なかったから言っている。
これに対して「やってみなくちゃ分からないじゃないか！」と反論するのは、

おかしな話だろう？

素直に耳を傾けた方が良いブレーキもある。

①は論外だとして、やはり厄介なのは②と③だ。

連中には悪意も自覚もない。

よく分からないなら調べればいいのに、それはせずにキミのブレーキを踏む。

これだけ猛スピードで時代（ルール）が変わっているのに、過去のやり方、過去の道徳観をキミに押し付け、キミのブレーキを踏む。

２０１３年1月25日。

僕はニューヨークでの個展開催を目指して、人生で初めてクラウドファンディングに挑戦した。

なんとか個展開催費用を集めることはできたが、クラウドファンディングなんて誰も知らなかった時代だ。

「ネット乞食《こじき》」「ネット泥棒」「信者ビジネス」「詐欺師」といった声が1日に何百件も届いた。ここには書きたくもない言葉もたくさん届いた。

僕と親しいスタッフは「西野とは距離をとった方がいいよ」と周囲から言われ、僕の母ちゃんは「詐欺師の母」と呼ばれた。

囃《はや》し立てたのは頭の悪いアンチだけじゃない。

僕のことを応援してくれていた人達も、「そういうことはやめておいた方がいい」と言った。


なぜだ?

日頃、オンラインショップで予約販売をして、商品を送っているじゃないか。

チケットを販売してライブの開催費用を集めて、ライブを届けているじゃないか。

ふるさと納税で支援に見合った返礼品を送っているじゃないか。

なのになぜ、クラウドファンディングで支援に見合った返礼品を送るのがダメなんだ。

上京する友人に「餞別《せんべつ》」を渡しているじゃないか。
結婚式で「ご祝儀」を渡しているじゃないか。
友人の挑戦に共感して仲間からカンパを集めているじゃないか。
なのになぜ、クラウドファンディングで支援を集めることがダメなんだ。
たくさんある資金調達のうちの、たくさんある支援のうちの、ただの一つの形だろう?

集めたお金の使い方が気に入らない?
だったら、支援しなければいいだけだろう。
近所の魚屋やクリーニング屋の売り上げの使い道に口を挟むか?
挟まないだろう。

なのになぜ、クラウドファンディングになった途端に、他人のお金の使い道に口を挟む？


これらの質問には誰も答えられなかった。

そりゃそうだ。

理屈もヘッタクレもなく、「何かよく分からないけど、たぶん悪いものに違いない」という理由で批判していたのだから。


ニューヨークでの個展をキッカケに、「資金調達」と「世界」を知り、僕の人生の扉が開いた。今はその延長線上にいる。

あれは、僕にとって大きな大きな一歩だった。

「そういうことはやめておいた方がいい」というアドバイスに耳を傾けていたら、今頃は……まぁ、いいや。

あの日、クラウドファンディングという選択肢を否定した人間は、今、何食わぬ顔で暮らしている。

それどころか、クラウドファンディングを利用していたりする。

否定した過去を隠しているのか、それとも忘れたか。

僕はたまたま跳ね返すことができたけれど、あの当時、僕と同じように攻撃を受け、中止に追いやられたクラウドファンディングが少なくなかった。

クラウドファンディングだけじゃない。

オンラインサロンを始めた時も、絵本を無料公開した時も、「制作過程」を売り始めた時も、ライブチケットの価格差を大きくした時もそう。

お金の問題と正面から向き合い、〝その後スタンダードとなる〟打開策を提案した時、日本では、いつも大きな批判が起きた。

これまで一体どれだけの夢が「お金の知識不足」「お金の古い固定観念」で

殺されてきたのだろう？

仲間や親や先生に殺された夢が、どれだけあっただろう？

「夢か？　金か？」という議論をキミのまわりの連中は繰り返すだろう。

耳を傾ける必要はない。あんなのは全て寝言だ。

「夢」と「お金」は相反関係にない。僕らは「夢」だけを選ぶことはできない。

「お金」が尽きると「夢」は尽きる。これが真実だ。

お金の問題から目を背けるな。

家族を守りたいなら、チームを守りたいなら、お金について話し合う時間を作れ。

父親なら、母親なら、先生なら、子供達にちゃんとお金の話をしろ。

自分も分からないなら、そのことを正直に白状して、子供達と共に学べ。

そして、誤ったお金の知識、誤ったお金の道徳観で、子供達の夢を殺し続けるこんな世界を終わらせろ。

この呪いは今日ここで断ち切らなきゃダメだ。


最後に大切な話をしておく。

キミに夢はあるか？　やりたいことはあるか？

まぁ、ほとんどの人が「特にない」と答えるだろう。

勘違いしちゃいけない。

「やりたいこと」は、ある日突然降ってくることはない。

ある日、突然「モチベーション」がムクムクと湧いてくることもない。

いつだって「やりたいこと」や「モチベーション」を生んでくれるのは、「小さな結果」だ。

アクションを起こして「小さな結果」が出た時に、「もっと結果を出して、もっと気持ち良くなりたい」という気持ちが生まれ、それが「やりたいこと」や「モチベーション」に繋がる。

とりあえず始めてみないことには、何も始まらない。

だけど、とりあえず始めてみるには、お金がかかる。

お金がなければ、とりあえず始めてみることもできない。

これが現実だ。


世界中の貧しい地域をたくさん見てきたが、彼らにはお金がなく、あまりにも少ない選択肢の中から将来を選ばなければいけない環境にあった。

遠い世界の話じゃない。

日本は今、同じ環境に向かっている。

とりあえず始められるコトが減り、数少ない選択肢の中から「やりたいこと」を探さなければいけない状況に追い込まれている。

「お金がない」「お金の知識がない」「お金を作る選択肢が少ない」……。これらがもたらすダメージの大きさを知れ。

これらが生み出す世界の小ささを知り、「自分はまだ何も知らない」ということを知れ。

話はそれからだ。

繰り返す。

時間を作って、お金の話をしろ。家族で。チームで。

キミが、お金を「汚いもの・卑しいもの」として扱う限り、キミのまわりには、同じように、お金を「汚いもの・卑しいもの」として扱う人間が集まってくる。

お金に対して誤った知識を持った人間が集まってくる。

そのコミュニティーの中で生きる限り、未来の扉は開かない。

そのコミュニティーの中で生きる限り、キミは大切な人を守り抜くことができない。

優しい人になってください。

そのために、正しい知識を仕入れて、強くなってください。
僕は次があるので、このへんで。
これからキミが歩く夜道を少しは照らすことができたかな？　どうだろ？
またどこかで感想を聞かせてください。
キミとキミの家族の幸せを心から願っています。
頑張ってね。

西野亮廣

最後まで読んでくださってありがとうございました。
オンラインサロン『西野亮廣エンタメ研究所』では、この本に書いたような記事（2000〜3000文字）を毎日お届けしております。
是非、ご参加ください。

西野亮廣（キングコング）

オンラインサロン
『西野亮廣エンタメ研究所』

ブックデザイン　山本知香子
撮影（カバー、表紙、P84）　鞍留清隆
イラスト　徳澤瞳
DTP　美創
協力　CHIMNEY TOWN
編集　袖山満一子
編集アシスタント　坂本遼佑

※本文中のデータは、特筆している箇所以外は
2023年2月時点で最新のものを使用しています。

著者略歴

西野亮廣（にしの・あきひろ）

1980年生まれ。芸人・絵本作家。モノクロのペン1本で描いた絵本に『Dr.インクの星空キネマ』『ジップ&キャンディ ロボットたちのクリスマス』『オルゴールワールド』、完全分業制によるオールカラーの絵本に『えんとつ町のプペル』『ほんやのポンチョ』『チックタック～約束の時計台～』、小説に『グッド・コマーシャル』、ビジネス書に『魔法のコンパス』『革命のファンファーレ』『新世界』、共著として『バカとつき合うな』がある。製作総指揮を務めた『映画えんとつ町のプペル』は、映画デビュー作にして動員196万人、興行収入27億円突破、第44回日本アカデミー賞優秀アニメーション作品賞受賞という異例の快挙を果たす。その他「アヌシー国際アニメーション映画祭2021」の長編映画コンペティション部門にノミネート、第50回ロッテルダム国際映画祭クロージング作品として上映、第24回上海国際映画祭インターナショナル・パノラマ部門へ正式招待されるなど、海外でも注目を集めている。また『えんとつ町のプペル』は、ミュージカルや歌舞伎にもなっている。ミュージカルでは、NY公演に向けての準備も。

夢と金

2023年 4 月19日　第1刷発行
2023年11月30日　第7刷発行

著　者　西野亮廣
発行人　見城 徹
編集人　舘野晴彦
編集者　袖山満一子

発行所　株式会社 幻冬舎
〒151-0051 東京都渋谷区千駄ヶ谷4-9-7
電話：03（5411）6211（編集）
03（5411）6222（営業）
公式HP：https://www.gentosha.co.jp/

印刷・製本所　中央精版印刷株式会社

検印廃止

ISBN978-4-344-04050-2　C0030

この本に関するご意見・ご感想は、
下記アンケートフォームからお寄せください。
https://www.gentosha.co.jp/e/